*Study On Fame Spread*

# 名声传播研究

魏婷 著

西苑出版社
XIYUAN PUBLISHING HOUSE
·北京·

**图书在版编目（CIP）数据**

名声传播研究 / 魏婷著. -- 北京 : 西苑出版社,
2021.10
ISBN 978-7-5151-0806-3

Ⅰ. ①名… Ⅱ. ①魏… Ⅲ. ①传播学一研究 Ⅳ.
①G206

中国版本图书馆CIP数据核字(2021)第154170号

名声传播研究
MINGSHENG CHUANBO YANJIU

策划编辑　赵　晖
责任编辑　苏泓睿　辛小雪
装帧设计　朱晓瑜　黄　尧
责任印制　陈爱华
出版发行　西苑出版社 XIYUAN PUBLISHING HOUSE
地　　址　北京市朝阳区和平街11区37号楼　邮政编码：100013
电　　话　010-88636419
印　　刷　三河市嘉科万达彩色印刷有限公司
开　　本　710mm×1000mm　1/16
字　　数　200千字
印　　张　14
版　　次　2021年11月第1版
印　　次　2021年11月第1次印刷
书　　号　ISBN 978-7-5151-0806-3
定　　价　59.80元

# 目 录


## 第一章 绪论 / 001

第一节 **名声传播研究缘起** / 003

第二节 **名声传播研究文献综述** / 006

一、国外名声传播研究状况 / 006

二、国内名声传播研究状况 / 009

三、目前研究的不足 / 013

第三节 **研究思路** / 014

一、研究方法 / 014

二、研究框架 / 015

## 第二章 名声传播的相关理论梳理 / 017

第一节 **名声传播与相关社会学理论** / 019

一、马克斯·韦伯的身份与声望分层理论 / 020

二、污名化理论 / 022
三、社会戏剧理论 / 023
第二节 **名声传播与相关社会心理学理论** / 025
一、刻板印象理论 / 025
二、晕轮效应 / 027
三、睡眠效应 / 028
四、自己人效应 / 030
第三节 **名声传播与传播学理论** / 033
一、“使用—满足”理论 / 033
二、拟态环境理论 / 035

## 第三章 名声的特性与功能 / 037

第一节 **名声的概念** / 039
一、名声相关概念分析 / 039
二、名声的概念 / 043
第二节 **名声的特性** / 045
一、传承性 / 046
二、震慑性 / 047
三、不平衡性 / 049
四、归属性 / 050
五、想象性 / 051
六、情感性 / 053

第三节 **名声传播的功能** / 055

一、文化功能 / 056

二、经济功能 / 058

三、社会功能 / 059

## 第四章 名声的产生和类型 / 063

第一节 **名声的产生** / 065

一、名声产生的必然性与偶然性 / 065

二、名声的构成要素 / 067

第二节 **名声类型的多元维度** / 073

一、正面或者负面角度 / 073

二、知名度范围 / 074

三、时间维度 / 074

四、国家关系 / 075

第三节 **好名声与坏名声** / 076

一、好名声的评价标准 / 077

二、坏名声的独特现象——污名 / 078

三、好名声与坏名声的转换 / 078

第四节 **历史名声与新闻名声** / 080

一、历史名声的持久性 / 081

二、新闻名声的时效性 / 082

三、新闻名声与历史名声的转换 / 084

## 第五章　新媒体时代名声传播的传播机制 / 087

第一节 **名声传播的路径** / 089

一、一级传播、二级传播、多级传播 / 089

二、名声传播中的变量 / 093

第二节 **名声传播的形态** / 108

一、人际传播 / 108

二、群体传播 / 110

三、组织传播 / 112

四、大众传播 / 114

五、新媒体传播 / 116

第三节 **媒体与名声传播的互动** / 119

一、媒体对名声的依赖 / 119

二、媒体对名声的维持 / 121

三、名声是媒体的生命线 / 122

四、名声与媒介形象的关系 / 123

## 第六章　新媒体时代名声传播的突破 / 127

第一节 **名声传播成为社会必需品** / 129

一、国家的名声传播战略 / 129

二、组织的名声传播 / 135

三、个人的名声传播 / 138

第二节 **名声成为社会消费品** / 144
一、消费时代的影响 / 144
二、经济概念的引申 / 146
三、名声传播最大的消费者 / 147
第三节 **电视的名声传播资源** / 149
一、新媒体对电视节目的影响 / 149
二、明星真人秀节目中的名声传播 / 152
三、电视人物访谈节目中的名声传播 / 160
第四节 **网络名声传播新动态** / 165
一、新的受众态度：外化、直接 / 165
二、新的名声形态——网红 / 167
三、网红名声传播的自媒体化 / 169
四、网红名声传播的社会接纳 / 171

**第七章 个案研究：**
**《中国公益组织名声传播调查问卷》分析报告** / 175

一、问题的提出 / 177
二、调查方法 / 177
三、调查样本特征 / 178
四、调查结果 / 179
五、结果分析 / 193
六、思考 / 200

## 第八章　结语 / 203

一、新旧媒体时代名声传播的比较 / 204

二、研究的展望 / 209

## 参考文献 / 212

# 第一章

# 绪论

## 第一节

## 名声传播研究缘起

中国是礼仪之邦，自古以来就十分看重名声。孔子曾说：“君子疾没世而名不称焉。”君子最担心的是自己毕生名声不被人称颂。因为名声记录着一个人一生的功过，标志着一个人生命的价值，所以古往今来的志士仁人，都无比珍视自己的名声。屈原也曾叹息“恐修名之不立”，表达了他欲建功业以求流芳百世却又担心时不我待的焦灼心情。就连平民百姓也推崇“人过留名，雁过留声”，把好名声作为立身之本。但在中国的 20 世纪 60 年代，对名声的追求一度是被遏制的，人人恐惧陷入“沽名钓誉”的泥淖，许多人成名成家的欲望被压制了。“淡泊明志，宁静致远”几乎成了那个时代所有知识分子的座右铭。但是随着时代的发展，人们对名声的追求又由曾经的羞于启齿变得越来越不讳言。注意力经济、点击率、标签等许多的流行关键词都跟名声传播相关。新媒体时代赋予了名声更多的价值，但中国学者对它的研究还太少，几乎处于空白状态，这是本研究的存在价值。[①]

① 魏婷：《名声传播的特性研究》，《新闻界》，2015 年第 21 期，第 29 页。

名声传播已经成为一个越来越显现化的社会现象，从传播学角度进行学术探讨是大势所趋。名声早已不仅是人的追求，甚至各类组织还有国家，都在追求拥有更好的名声，因为它就像是一张吸引人的名片，能够在最短的时间内让受众识别、接受。但问题是怎样的名声才是好名声？好名声所具备的要素究竟是什么？这些隐藏在名声这个华丽外表下的所有秘密都有待探究。名声传播研究是名声学的一部分，尽管名声学本身还未建立，但随着相关科研成果逐渐丰富，这一新学科的前景应该是广阔的。

在我国的成语文化中，有关名声的成语粗略算下来就有一百多个。成语文化本身就凝结了中国传统文化的精粹，它涵盖了儒家、道家、佛家等的智慧。成语中的名声观体现了我们民族看待名声的独特的心理结构、思维方式、审美观念和价值体系。在成语文化中，人们的名声观大致分为以下十类：第一类，对自己名声的重视，比如“爱惜羽毛、豹死留皮、雁过留声”；第二类，对名人名声的主动追求，比如“成名成家、功成名就、立身扬名、游光扬声”；第三类推崇树碑立传式的历史好名声，比如“青史标名、青史流芳、流芳百世、名垂千古、名垂竹帛”；第四类，对小名声的生动形容，比如“不见经传、默默无闻、没世无称、声希味淡、无声无臭、湮没无闻”；第五类，对大名声的生动形容，比如“弛声走誉、驰名天下、驰名中外、名噪一时、平地起雷、如雷贯耳、烜赫一时”；第六类，对坏名声的生动形容，比如“丑声远播、臭不可当、臭名昭著、身败名裂、声名狼藉”；第七类，对名声与实际情况关系的考量，比如“飞声腾实、蜚英腾茂、控名责实、名不副实、名不虚传、名副其实、名过其实”；第八类，对名声与利益关系的考量，比如“浮名薄利、名利双收、贪名逐利、违利赴名、蜗名微利”；第九类，名声引发的不同社会效应，比如“谬采虚声、慕名而来、矜名妒能、韬曜含光、显亲扬名、显祖荣宗”；第十类，获得名声的另类方式，比如“索隐行怪”。

对于名声观，由于历史文化因素的不同，各个国家呈现出不一样的状态，这也是吸引笔者关注名声传播的重要原因。比如，中国人好面子，所以普遍看重个人名声；中国人也为名声所累，为了赢得他人口中的“好”不惜“过度”

地消耗自己，哪怕成为名声的牺牲品也在所不辞，晏子“二桃杀三士”就是典型的例子。传统中国人对名声的评定讲究盖棺论定，也重视名声的垂直传播，“名垂青史”就典型地反映了中国人对名声传播纵向性的强调，也突出了名声对历史的观照与价值。日本人也重视名声，他们的名声观里既充满了自我克制的忍耐，也包含了为维护名声不惜自杀的极端行为。西方人同样重视名声，他们会为了名声而决斗，但在名声与自由发生冲突时，他们更倾向于选择自由。这一切的不同为未来名声传播的研究提供了丰富的资料，也凸显了名声在人类社会的普遍客观存在。

国外学者对名声的研究起步比我国早，这为国内学者活跃了思维，提供了广阔的研究视野。国内学者对名声研究比较少，而已有的相关读物大多是从“成名学”的角度教读者通过营销的方式来获取名声，因此具有较重的功利主义倾向。本研究与他们的不同，一是表现在学科角度的差异，传播学的原理和方法是本研究得以进行的核心；二是本研究的目的在于“去功利主义”，成名的营销手段不在本研究考察的范围之内，本研究力图把名声传播置于社会大环境中，综合考察它给社会带来的进步与挑战。

传播学在中国的发展日新月异，它也在不断细化和深化，客观上要求它走向分支学科化。所谓分支学科化就是将传播学分解到各个专业领域里去。实际上，由于传播现象存在于社会各个领域，其无处不在的特点决定了传播学理论泛化的特点，也导致了传播学的模糊化。而对名声传播进行研究，能够丰富传播学的外延，明确名声传播的基本对象，探索其本体特征，发展其核心理论，最终实现较高的抽象程度和理论程度。

本研究具有一定的创新性：我国尚没有建立名声学，目前国内的博士学位论文中也没有名声传播的相关论文。开展此论题的研究能加强名声传播理论的建设，填补传播学在该领域的研究空白，因而具有一定的开创性。

# 第二节

# 名声传播研究文献综述①

## 一、国外名声传播研究状况

据资料显示，对名声的最早研究是美国成名学家博斯丁从20世纪60年代中期开始的。它被称为成名学，其主要观点是成名可以带来包括金钱、特权、荣誉、地位、影响力、人际资源等多方面的成功，名声可以借用一套被称为“名声工厂”的标准化模式“制造”出来，在传播媒体大放异彩的时代，名声在媒体的褒贬炒作中旦夕起落。博斯丁由此创造了“名声训练法”，被许多国际政要运用到了政治名声的打造中，并取得了显著的成绩，所以这一方法在20世纪90年代成为风靡欧美各国的成名法宝。

在“成名学”看来，“名人”是“商品”，“名声”可以带来巨大的商业利益，因此博斯丁提出了许多切实可行的甚至可以让普通人变成名人的成名方法，是一种偏重于“术”的研究。所谓“术”的研究就是强调“怎么做”，

① 魏婷：《名声传播的特性研究》，《新闻界》，2015年第21期。

是根据方法论思想确定“如何成名”的具体步骤，是方法论指导下的实践。因此，国外对名声的早期研究重点放在“如何成名”的实用指导性之上。

国外对名声的关注自此被纳入“成名学”的范畴之中，这个传统一直延续到 21 世纪。以国外著述翻译引入我国的书籍为例，2010 年 1 月出版的由霍华德·布莱格曼 (Howard Bragman) 著的《我要成名》（Where's My Fifteen Minutes？），聚焦美国当今的娱乐界与传媒业，以超级巨星麦当娜、安吉丽娜·朱莉、小甜甜布兰妮等明星的成名经历进行剖析，帮助读者把握成名时机，实时公关，打造更高名望。

2014 年 2 月出版的由迈克尔·弗洛克 (Michael Flocker) 著的《出位：十五分钟成名定律》（The Fame Game），主要揭秘政坛领袖、商界精英、演艺明星的成功法宝，教读者如何在了解自我的基础之上从外在塑造到自信心建立等方面将“15 分钟能效”最大化。两本书都共同谈到了一个概念“15 分钟能效”，这是在西方被广泛接受的一个成名定律，即每个人都能在 15 分钟内出名，每个人都能出名 15 分钟。

迈克尔·弗洛克认为西方文化已经进入了一片混合着成就、野心和个人主义的模糊境地，一位“量身定做的名流”对任何人而言都是触手可及的。这一时期的研究与成名学早期的实用性研究精神一脉相承，区别就在于根据新时代的传媒变化，增加了新的案例和方法。

在社会学方面，到目前为止从国外引入我国的以名声为关键词的专著只有一本，它就是 1991 年出版的由三位学者——欧文·赖因、菲利浦·科特勒、马丁·斯托勒所撰写的《诱人的名声》。该书考察了在西方特定的社会环境中名声是如何形成的，怎样发挥自己的潜能，推销自我，传播名声；如何保持名声以及成名后的得与失。在前言里，译者特别强调了社会主义国家对名声科学的研究应该实事求是，不能弄虚作假和沽名钓誉。可见该专著在改革开放初期被引进时所具有的巨大勇气和前瞻性。

相比较博斯丁的成名学，这本专著更偏重于“学”，它将名声置于社会大环境中进行考察，探讨名声如何形成了一个产业，尤其可贵的是细致研究了名声的区域、等级和生命圈。在对名声进行深入学术研究的同时，学者们特别强调了传播网络的形成对名声的影响。当然，受制于时代和传播技术的限制，学者们自然无法将新媒体传播纳入研究视野，因此新媒体传播网络对名声传播的影响是其研究中缺失的部分。和博斯丁的成名学不同，欧文·赖因、菲利浦·科特勒、马丁·斯托勒三位学者对名声传播的研究显得更为偏重于学理性，他们考查了名声的本质特征与内外联系，反映了名声与社会的本质联系和互动。

随着研究角度的多元化，从其他学科来研究名声的著作进一步增多。2011 年 10 月出版的由达内克·考斯著的《自助成名》（You Can Be Famous），就是从公共关系学角度考量名声的典型案例。

作者达内克·考斯本人是一名公关策划大师，《自助成名》被誉为美国公关业人人必备的应急书，也是一本教读者通过商业、人际关系等方法不花钱就能成名的指南。该书的可贵之处是细分了名望的类型，作者认为名望是具有千面脸谱的，读者既可以成为在媒体上光彩夺目的国际名人，也可以在家乡、在公司、在其专业领域，以及与之有相同兴趣、爱好的人群中很有名。

《自助成名》是美国公关业献给大众的实用工具书，读者可以学习到如何在十秒之内得到免费的宣传；如何写一篇成功的新闻发布稿；如何在媒体上曝光；如何在节目中大放异彩等。美国公共关系学研究权威柯特·利普和森特认为："公共关系是以相互满意的双向传播为基础，以好名声和负责任的行为影响舆论的有计划的努力。"[①] 可见名声与传播、公共关系之间有着十分紧密的联系。

声望与名声是含义上有所交叉的两个概念，声望即 reputation，是好名声的意思。对于声望的研究可追溯到 1895 年古斯塔夫·勒庞的经典之作《乌合之众：大众心理研究》。在解析群体心理特征时，古斯塔夫·勒庞谈到了"群体领袖及其说服手段"，专门论及了名望。他认为："名望是某个人、某本

---

① 卞文忠，曹雨露，马卓识：《公共关系学》，哈尔滨：东北林业大学出版社，2011 年，第 2 页。

著作或某种观念对我们头脑的支配力。这种支配会完全麻痹我们的批判能力，让我们心中充满着惊奇和畏惧。”[①] 他把名望分成了先天的名望和个人名望两类，他认为成功是名望产生的最重要的一个因素，缺少成功的名望会很快消失。对于声望的研究后来更多地展现在社会学家的阶层研究之中，他们一般用职业声望这个概念来代替宽泛的声望概念。

## 二、国内名声传播研究状况

国内学界对名声的研究受国外成名学的影响很大，资料显示，到目前为止以“名声”为关键词的成名学书籍只有一本——1998 年出版的由周能有编著的《现代成名学：博斯丁名声训练法》。作者认为曾经被读者奉为“成功学经典”的卡耐基和拿破仑·希尔已经过时了，它们是前工业时代的理念，在信息时代的美国，人们已不再把单纯赚钱视为成功的主要标志——而认为“成名”才是成功人生的主要标志。作者引用了成名学权威博斯丁的一句名言：“‘成名’意味着一切应有尽有：权力、金钱、美女和不朽。”在书中，作者像操作指南一般明白畅晓地罗列了使一个普通人成为名人的各种方法及步骤，还有名人如何维持名声的技巧。总之，它不是一本严肃的学术论著，而是消费文化时代的快餐。

除此之外，与“名声”相关的成名学书籍还有 2000 年出版的由李亚白、伊梦人编著的《21 世纪成名学》，2011 年 3 月出版的由普杰著的《我要你成名》等。《21 世纪成名学》通过对 21 世纪新趋势的分析，按照文艺名人的成名分析、政治名人的成名分析等分门别类有针对性地研究了 21 世纪成名需要具备的立身之本、心理训练、形象设计、包装策划。在对政治名人的成名进行分析时，作者总结了政治名人名声的重要性，政治名人之所以名垂青史，在于他们扛

① ［法］古斯塔夫·勒庞：《乌合之众：大众心理研究》，冯克利译，北京：中央编译出版社，2011 年，第 92 页。

起了时代的旗帜，并且肯定了“国家形象高于一切”的理念。该书比较有特点的地方是写作重点将名声与形象联系在一起。《我要你成名》则关注娱乐圈的明星，解析合约范本、宣传推广和专辑制作流程，通过经典案例展现娱乐圈生存法则。

在论文方面，不同的学者从各个不同的学科出发谈到了名声问题，比如刘国芳的《间接互惠中的声誉机制：印象、名声、标签及其传递》，文中谈到的间接互惠指的是这样一种现象，我帮助你，我所得到的帮助不是来自你而是其他人。文章从社会心理学的角度考察了名声的形成。

还有一些研究者是从职业的角度探讨了不同职业的名声问题。比如，李曙光的《科学家的名声问题——从另一个角度谈科学研究职业道德》，文章认为科学家的名声(reputation)不等于知名度。科学家的名声可以用公式“科学家的名声 = 学问 + 为人”来表示。重视名声的科学家不去做违背科研道德的事情。[①]

钟桂华的《论主持人名声的建构与经营》认为——主持人的名声来自两个方面：作为媒体从业人员的职业角色，作为社会个体存在的个人角色。[②]能给主持人带来名声的是主持人表现在节目中的职业角色，由形象、思想、学识、心理等多种因素共同组成。另外，作为社会个人存在，主持人在屏幕之外的生活所体现出的人生观、价值观、道德观、个性也都会反应给受众，受众会用一定的评判标准来给他们下评语，这些留给受众的印象就是主持人在受众心目中的名声。

还有李世进的《略论唐代的文名传播》，所谓文名，就是指文人的名气、名声。名气有大有小，要想获得大的名声离不开文名传播。总体来说，唐代的文名传播主要是人际传播，利用的是口碑宣传。文名传播的动力具有明显的功利色彩，在传播过程中，舆论领袖（达官贵人、著名文学家）的作用十

---

① 李曙光：《科学家的名声问题——从另一个角度谈科学研究职业道德》，《中国科学基金》，2007 年第 4 期，第 207 页。

② 钟桂华：《论主持人名声的构建与经营》，《新闻爱好者》，2001 年第 6 期，第 40 页。

分明显。[①]

将名声纳入新闻传播学领域研究的是刘宏，他在《名声与传播》中分析了名声在口头传播时代、文字传播时代、电子传播时代不同的传播特征。在他看来“在不见面模式中，名声本身就成为一种人类交往的媒介”。[②]他创造性地提出了名声的时空观，把名声的传播分为了偏向时间和偏向空间两种。对名声热点事件的关注，让他陆陆续续将名声传播中的新问题、新趋势写进了《怎么看名人代言门》《媒体为什么喜欢追逐名人》《论名声产业》等论文中，为本研究的思想启蒙奠定了基础。

尤其是《论名声产业》一文，刘宏敏锐地观察到了名声产业的形成，其实从国外的研究资料中人们已经知道“名声制造业”的概念，它首先源自好莱坞，是以经纪公司为核心，以公关运作、形象设计、教育训练、广告宣传等为方式的一种产业。名声产业的概念很显然比名声制造业的外延更加广泛，名声产业不但包括了名声制造业，还囊括了名声传播业和名声附属产品销售及购买等众多业务。概念的新生，铸造了新的思维方式与生活方式。刘宏在文中分析了名声产业的问题，厘清了名声产业的本质，在他看来：名声产业可以说是一种符号产业，属于符号消费。[③]由于网络时代的来临，炒作现象因此比传统媒体时代显得更加明显。将名声与符号、产业等关键词联系起来考量进一步开拓了本研究的思维广度。

除此之外，还有研究者关注了在新媒体时代中网络上出现的一种新的名声现象——源源不绝的你方唱罢我登场的网络红人及网络热点事件，其中的代表作品就是王京山的《网络声望论》，在文中他界定了网络声望的含义，分析了网络声望的三个要素及其形成机制。《网络声望论》是名声传播研究中比较时新的分支题材，具有一定的借鉴意义。

在《网络声望论》成型之前，王京山就把网络声望这个概念运用到了对

① 李世进：《略论唐代的文名传播》，《新闻爱好者月刊》，2011年第7期，第130-131页。
② 刘宏：《名声与传播》，《青年记者》，2008年第13期，第58页。
③ 刘宏：《论名声产业》，《文化产业导刊》，2014年第2期，第41页。

邹韬奋的个案研究之中，他认为：网络声望可以通过网络传播的数量和质量进行测度。利用搜索引擎进行检索，然后对检索结果进行分析，这样相对准确地判定某人、事或物网络声望的具体状态。[①] 在进行测评时，他运用了网络知名度和网络美誉度两个变量，为本研究的量化分析提供了启发。

在新闻传播领域，较早关注声望的还有栾轶玫，她在《媒介形象生成的社会空间——一个关于媒介空间关系资源的理论》中谈到了媒介的声望回报。她认为：声望回报包含两层意思，一是注意力回报，也就是说媒介能够赢得足够多的注意力；另一个是影响力回报，也就是说媒介能够对受众的态度、行为等各方面产生影响。[②] 在《制造声望——电视媒介形象建构的理论研究》中，她将形象与声望联系起来，明确指出：良好的形象建构有助于电视媒介实现声望。从某种意义上讲，形象是可以建构的，声望是可以制造的。[③] 栾轶玫的声望研究让本论文对于名声与媒介和形象的探讨更为深入。

除了关注好的名声，也有研究者研究坏名声。坏名声在各研究中被称为“污名”。污名研究相对于好名声研究，历史更悠久，成果更丰富。1960 年代，由社会学家戈夫曼提出，污名成为一个固定的学术概念。社会心理学、历史学、社会学、人类学、政治学等各学科都从各自的学科角度对污名研究的推进做出了贡献。学科的分野使污名研究呈现出异常多样化的形态，而且不同群体污名内容的评估也不尽相同，确实存在难以整合的问题。

在新闻传播领域，对污名的研究主要表现在媒体对不同主体的媒介形象的污名化传播之中，比如《论新闻报道的“片面性”——从“扶老人”事件的污名化现象谈起》《网络集群对群体的污名化影响——以城管为例》《论新闻报道的“片面性”——从中国红十字会“污名化”现象谈起》《三峡工

① 王京山：《韬奋网络声望初探》，《邹韬奋研究：第二辑》，韬奋纪念馆编，上海：学林出版社，2005 年 11 月，第 300 页。

② 栾轶玫：《媒介形象生成的社会空间——一个关于媒介空间关系资源的理论》，《新闻与传播》，2008 年第 12 期，第 25 页。

③ 栾轶玫：《制造声望——电视媒介形象建构的理论研究》，《中国新闻传播研究 2009》，高晓虹编，北京：中国传媒大学出版社，2014 年，第 4 页。

程的媒介“污名”现象剖析》《网络媒体与教师污名化现象解析》等，不难看出污名化的愈演愈烈与网络时代的来临关系密切，网络舆论使“污名化”效应加剧，网络舆论的“广场效应”也容易导致“多数的暴政”。

可见无论是好名声传播还是坏名声传播，都在新媒体时代焕发出了新的特点，展现了新的趋势，因此对它进行整合研究是非常有必要的。

## 三、目前研究的不足

第一，关于名声的研究比较零散，缺乏从整体上的把握和基础性的整合。到目前为止，我国学界还没有针对名声的系统性的研究，而已有的文章都是从各个角度谈到了名声的某些方面，虽然言之成理，但不够深入。

第二，对于名声的研究多数集中在成名学的范围之中，教人如何成名的研究方式只是一种“术”的归纳，强调成名的具体步骤和需要在步骤中使用到的技术。“术”的归纳讲究因时因地因人因事而变，因此在不同的时期归纳不同的成名方法也是有益的，但是真正的名声“学”也是应该被重视的。因为“学”研究的是名声的内在机理和运行规律，具有抽象性、规律性和相对稳定性。我国自古就有以道御术的传统智慧，因此从“学”的高度研究名声才能弥补“术”的不足。

第三，目前涉猎名声研究的学科有社会学和公共关系学，缺乏从传播学角度系统研究名声的成果，并且之前的所有研究都没有明确提出名声传播的概念。而实际上名声与传播有着天然的密切联系，甚至于失去了传播，名声本身根本就无法存在。另外，名声传播的传播机制究竟如何，传播的路径到底怎样，都是从传播学角度研究名声无法回避的基础性问题。

第四，目前所有对名声的研究基本上都没有将其置于新媒体的时代背景之下进行分析。新媒体时代已经来临，名声传播在这特定的环境中也焕发了新的生机，如果名声传播研究没有对当前的时代提出任何有建设性的观照，那么该研究就是存在遗憾的。

# 第三节 研究思路

## 一、研究方法

### （一）文献研究法

任何研究都必须占有丰富、翔实的第一手资料。由于关于名声的许多思想和观点都散见于各种文献之中，所以要对其进行系统的归纳，就必须对这些文献做深入、细致的梳理工作。通过文献研究，笔者从中整理出前人已取得的成果，在此基础上寻找研究的突破口，从而确立了名声传播研究的传播学方向。并从社会学、社会心理学等交叉学科寻找理论养料，以此作为本文研究的理论基础。

### （二）实证调查研究法

为了更深刻地了解事实、发现问题并且挖掘其背后的形成机理，我们就需要进行调查。囿于人力与时间的不足，本研究采取了抽样调查的方法，抽样的目的在于大致反映总体的基本状况。根据第一步设计问卷、第二步发放问卷、第三步回收问卷、第四步筛选样本、第五步统计问卷等环节，本研究收集了 2016 年 1 月 18 日至 2016 年 2 月 18 日的数据，具有一定的时效性和科学性。

### （三）统计分析法

将调查收集到的有效数据资料通过 SPSS 软件进行状态分析。状态分析就是研究一定时间、地点、条件下被调查对象的状态，分析其量变情况，由于时间限制，本研究采取有静态分析和简单总体的状态分析。

### （四）比较研究法

比较研究法是对两个或多个主体进行对比，从中找出它们之间的异同点，力求概括出一般性规律。在人文社会科学研究中普遍运用比较研究法来认识事物的根本，从而对不同事物进行区别，以确定彼此之间的异同关系。首先，要坚持可比性原则；其次，除了横向比较还可以纵向比较，要将二者相结合。在本研究中，笔者采用了类型比较法和历史比较法。类型比较法的第一步要对名声进行分类整理，然后再进行比较，从个别上升到一般。历史比较法是一种纵向比较，指按照时间顺序解释名声传播的相似性和差异性。

## 二、研究框架

本研究以新媒体时代作为研究背景，新媒体时代里既有传统媒体的存在，也有新媒体的崛起，所以研究中出现的名声传播现象是贯穿传统媒体和新媒体两个方面的，在此基础之上，偏重于新媒体特色。本研究立足于理论与实践相结合的角度对名声传播进行梳理，试图按照名声传播的发展规律，将庞杂繁复的现象加以整合和分类，从而探索名声传播的建构路径、奠定名声传播的理论基础。

第一章绪论部分，主要阐述名声传播研究的研究背景和现实意义。在提出研究问题的基础上，对“名声”相关文献进行了综述，同时介绍了研究的方法和整体思路。

第二章名声传播的相关理论梳理，在社会学理论方面，从马克斯·韦伯的身份与声望分层理论、污名化理论、社会戏剧理论论述了它们与名声传播的联系；在社会心理学理论方面，从刻板印象理论、晕轮效应、睡眠效应、自己人效应等四大理论入手，分析了名声传播中产生的种种心理机制。在传播学理论方面，从“使用—满足”理论、拟态环境理论论述名声传播的价值与意义。

第三章名声的特性与功能，主要界定了名声的概念、探讨了名声的几大特性，从功能学派的视角入手剖析了名声传播的功能。

第四章名声的产生和类型，从必然性与偶然性两方面研究名声的产生；考察了名声的三大构成要素，分析了名声与传播的同一性及传播对名声所具有的价值；根据不同的标准，展现名声类型划分的多元维度；剖析了好名声的评价标准，坏名声的特有社会现象——污名化以及好名声与坏名声的转换；历史名声与新闻名声的转换。

第五章新媒体时代名声传播的传播机制，探讨了名声传播的路径，提出了名声传播的多级传播假说；研究了名声传播中的五大变量；考察了名声传播的多种传播形态；明确了媒体与名声传播的互动机制——媒体对名声的依赖、媒体对名声的维持、名声是媒体的生命线、名声与媒介形象的关系。

第六章新媒体时代名声传播的突破，从国家、组织、个人三个方面论述名声传播在新媒体时代已经成为社会必需品；从经济学角度论述名声在新媒体时代已经成为社会消费品；从媒体发展角度论述电视的名声传播资源；总结了网络名声传播的新现象与新特点。

第七章个案研究，通过自制《中国公益组织名声传播调查问卷》的统计数据分析中国公益组织的名声状况，中国公益组织名声传播的平台在新媒体时代呈现怎样的变化，哪些组织在公众中的名声最大，影响中国公益组织名声的因素有哪些等问题。进一步比较了人的名声传播与组织名声传播的异同，对中国公益组织名声传播的改进提出了可行性建议。

第八章结语，对新旧媒体时代名声传播进行了比较，对名声传播的研究未来进行了展望。

第二章

# 名声传播的相关理论梳理

名声传播本身是传播学的一个分支，它也涉及社会学、社会心理学、传播学、新闻学等人文社会科学学科。本章试图从相关理论进行梳理，探索名声传播的建构路径、奠定名声传播的理论基础。

# 第一节

# 名声传播与相关社会学理论

一切的传播活动都是由社会需求催生。按照马克思主义历史唯物论的观点，新闻传播起源于人类社会化的生产劳动和生活活动的需求，即人类生存发展的需要。在新媒体时代，名声传播已经成为人们生活中的一项重要内容。人们对名声传播的关注度一方面取决于名声信息内容的社会意义，另一方面取决于名声信息对于自我的意义。

美国社会学家、芝加哥学派的主要代表人物之一罗伯特·E. 帕克（Robert Ezra Park，1864—1944）提出了社会控制研究，他认为，传播对于现代社会来说是必不可少的联结手段，有了传播就能进行有效的控制，在最大程度上实现民主，甚至建设出大多数人们理想中的社会形态。在《社会学引论》一书，帕克划分了社会控制的三种类型：一是社会控制的基本形式，即个体受到其身处于其中的群体的影响；二是公众舆论，即通过某一占主导地位的观点对地域上广为分散的公众进行控制的方式；三是制度控制，即基于习俗、舆论基础上的以法律制度为主的控制。名声传播恰好更多地反映在前两种社会控制之上，而这两种控制亦与人际传播密不可分。

名声传播的本质是人际传播，而支配人际传播的重要因素则是社会关系。美国社会心理学家艾尔文·阿特曼 (Irwin Ahman) 和多马斯·泰勒 (Dalmas Taylor) 提出了人际传播的关系理论。他们认为，每一种人的社会关系都可以通过广度和深度来进行描述。广度是指两人话题的多与少，深度是指话题的深与浅。[①] 虽然人际传播内容和效果会因双方的亲疏程度及话题讨论的深度与广度而有所不同，但是名声传播却可以自然地跨越其中的种种差异，畅通无阻地进行传播。以一个普通人为例，他的社会关系首先是首属关系，其次是次属关系。首属关系是指夫妻、朋友等社会关系，它们建立在一定的感情基础之上，双方的交往比较直接、广泛、深入。次属关系与之不同，它是建立在事缘基础之上的，比如同事、上司与下属关系等，交往程度比较浅。但不管在哪种关系中，名声传播的传播易得性、便捷度都具有得天独厚的优势。因此，名声传播与社会中的每一个个体和相关社会学理论息息相关。

## 一、马克斯•韦伯的身份与声望分层理论

马克斯·韦伯是德国著名社会学家、政治学家、经济学家、哲学家，也是西方社会分层学说的奠基人。除了韦伯，马克思也同样推出过自己的社会分层理论。对于社会分层的探讨起源于社会不平等问题，马克思认为个人物质财富的拥有量直接决定着社会分层的位置，他由此发现了“阶级”的存在，进而推出了“剥削阶级”与“被剥削阶级”两个核心概念。在马克思看来，除非阶级不复存在，否则阶级矛盾调和是不可能的，而不同层级之间会一直处于矛盾冲突的状态。与马克思批判性的思想不同，韦伯对社会分层的态度是中立的，他认为社会分层的矛盾是一种市场竞争关系，它可以在多元化竞争的背景下，在相当程度上被抵消，并保持社会结构框架大体上的稳定。

韦伯认为社会分层是社会整体日趋理性化的结果，由此他提出了“三位

① 陈力丹，陈俊妮：《传播学入门》，北京：人民日报出版社，2011 年，第 66 页。

一体”的衡量尺度：阶级、声望群体、政治派别分别存在于社会的经济领域、社会领域和政治领域。[①] 韦伯给“身份地位”下的定义是：“与纯粹由经济所决定的‘阶级状态’相反，我们所指的‘身份地位’是由某种特殊的——或肯定或否定的——社会名誉评估所决定的人们生活命运的特殊状况。”[②] 他认为身份群体是依据人们在消费领域中的生活方式来划分的。拥有大致相当的收入水平的人们具有特定的生活方式，他们与采用同样生活方式的人们进行交往，逐渐地形成认同并组成一个群体。他们逐渐发展了一些与其他群体不同的专属于自己共同体的习惯和传统，比如特殊的进餐、着装、言谈、举止方式，并且把这些特殊的方式固化为一种道德判断来表现“好”与“坏”的抽象价值原则，并根据程度的不同来确定其身份群体的声望等级。

名声传播与韦伯的身份和声望分层理论的关联之处就在于道德判断。身份和声望是文化属性的体现，财富并不能使一个经济暴发户进入显赫的社会集团中，因为家庭背景、历史、生活方式都很重要。韦伯十分重视文化分层，因为它最接近人们的生活，直接反应和影响着人们的人生观、世界观和价值观。文化的多样性使社会分层更加细化，每个人都能够找到属于自己的位置，每个人也因此而具有自己专属的名声。

与马克思一元化的社会分层尺度不同，韦伯多元化的分层标准强调三者的相对独立性。他指出，人们追求权力不仅仅是为了经济上的发达，权力有其自身固有的价值；但也不是所有权力都能带来声望，因此赤裸裸的金钱、权力绝对不能成为政治权力和经济权力的基础，文化分层的影响不容小觑。

身份与声望分层理论发展到现代，更多地被应用于职业声望调查。职业声望是指人们对各种职业所做的主观评价，它只能对少数职业（一般是几十

---

① 关晓丽，关大伟：《中国社会阶层结构演变新视点》，长春：吉林大学出版社，2007 年，第 132 页。

② Max Weber, “Class, Status and Party” in *Class, Status and Power: Social Stratification in Comparative Perspective*, ed.by Beinhard Bendix and Seymour Lipset, New York: The Free Press, 1966, p.24.

个职业）进行职业声望等级排列，但不能描述和分析整个社会的声望分层体系，于是研究者又引入了一个社会经济地位指数。利用这两个指标进行调查有助于研究者更全面、更系统地把握当前的社会分化趋势和社会分层特征。在社会分层中，职业名声、专业名声随之形成，名声传播与不同社会阶层的联系有待进一步发掘。

## 二、污名化理论

与名声传播相关联的社会学理论还有“污名化理论”。污名是名声中的一个特殊分支，专指一个群体强加在另一个群体之上的并着力加以维持的偏向负面的坏名声，比如“黄祸论”“人种论”等。名声传播不仅是一种现象，还是一种社会控制的手段，对于好名声和坏名声传播的研究都将最终服务于社会稳定。

污名化理论的奠基是从 20 世纪中叶开始的，社会学家敏锐地观察到了一系列污名化社会现象并对此进行了深入研究。学者们的学术成果逐渐被整合，使得这一研究逐渐成为一种显学。尤其是随着社会结构的复杂化，不同利益群体日益增多，污名化现象呈现进一步泛化的特点，对污名化理论的研究有助于消解污名化的社会后果，有利于和谐社会关系的缔结。

社会学家埃利亚斯首先发现了污名化现象，他指出，污名化是一个群体倚仗权力向另一个群体单方面“命名”，背负污名的一方与提出污名的一方之间进行博弈，以致最后成为凝固现实的过程。

污名化被认为是社会歧视的起点，而歧视则是污名化的结果。戈夫曼在 1963 年最早提出了污名化的概念：某些个体或群体因为具有某种社会不期望的特征，被贴上贬低性、侮辱性的标签，这不仅会使他们有羞愧、耻辱的感觉，还会降低他们在社会中的地位，引起不公正待遇的发生。在这里展现了个体或群体“事实的”社会身份与“真实的”社会身份之间的异质性。林克和费兰在研究中则明确指出了形成污名化的五个环节：第一环贴标签，第二环观念固化，第三环认知分离，第四环情感反应，第五环地位丧失或歧视。[①]这五个环节环环相扣，将污名化的全过程展示得十分清楚。

随着时代的发展，新的污名化现象对污名化理论带来了挑战，将污名化理论置于名声传播的理论之下，可能会让旧有理论焕发出新的生机。传统的污名化主要体现在社会强势群体对弱势群体的贬抑上，比如古代社会统治者对普通百姓采取的“刁民”“愚民”等称谓，但随着互联网等新媒体工具的出现，这种态势在某种程度上已经发生了翻转——原本居于话语权强势地位的官员、高级知识分子等群体由于行为不当、滥用话语权等原因，成为被污名化的对象。城管、基层干部、医生、教授、专家等在新的语境下都或多或少地带上了贬义色彩。污名化成了一种普遍的社会现象，虽然破坏力较之以前大为减弱，但其背后隐藏的更深刻的社会原因值得研究者关注。

## 三、社会戏剧理论

社会是人和人的组合，人是“社会”的人。一般来说，当人们意识到自己在被观看，通常会希望自己的一言一行对观者产生某些影响。不可置疑的是，所有具有主观能动性的主体都希望自己能拥有一个好名声，为了达到这个目标，主体们通常会采取各种手段来营造“好名声”，然而真实的自我很可能与自己所要追求的名声是有出入或者差距的，为了尽可能地缩小这种差距，“表演”应运而生成为主体们必须具备的主要能力。对普通人来说，社会表演就融入日常生活中，人们根据自己的社会角色设计着装打扮、行为方式等，以便获得令自己认可或者满意的名声。在此，必须谈到一个重要的社会学理论——社会戏剧理论。

社会戏剧理论是由美国社会学家戈夫曼提出的，又被称为“拟剧理论”。

① Link B.G. & Phelan J.C.，“Conceptualizing Stigma”，*Annual Review of Sociology*, 2001(27)，pp. 363—385.

在戈夫曼眼中，人生就是一出戏，社会就是一个大舞台，社会成员作为舞台上的表演者都十分关心自己如何在众多的观众面前塑造出能被人接受的形象。有研究者把戈夫曼的社会表演视作符号互动，个人运用符号来布置自己的舞台，通过印象管理使自己的表演符合人们的期待。①

尽管有研究者批评戈夫曼的理论一概而论地认为个体在社会上的行为都是有意图的，甚至是虚伪的，但是实际情况是——不管是美国总统竞选人的电视辩论、演讲，还是政府应对突发事件所做的预案，都摆脱不了社会表演的痕迹。将社会表演与名声传播联系起来，就不难得出如下的推论——为了赢得好的名声，个体不惜戴着各种各样的面具从事社会活动。戈夫曼把社会表演划分为两类：一类是综合运用语言符号和类语言符号进行的明确表述，另一类是隐藏在行动中被泄露的意义。②从名声传播的角度来看，它可以包含语言活动和非语言活动，例如某主体在新闻发布会上的口述、某主体出现在公众视线中时较为惯常的行为。从表演的真实性来看，戈夫曼更推崇后一种表演，因为通过行动流露出来的含义往往比语言更加贴近于行为体的真实意图。

表演艺术的最高境界，是对角色塑造的完美化以及性格意义上的出色刻画。对于名声传播来说，只有名声承载者的角色与性格双重美好才可能赢得好名声。社会表演需要各个主体掌握各自的角色规范，各得其所，各尽其才。套用演员创造角色的说法，主体要掌握编导设计的理想范本，从自我出发，逐渐进入角色，由内到外；也可以先模仿起角色的外部形象，逐渐找到感觉，让自己适应角色，由外到内。这里谈到了一个很重要的概念——角色。

“角色”在戏剧表演中指演员在剧中所扮演的人物。社会角色则是指处于特定社会地位的个体依据社会客观期望、借助自己的主观能力所表现的一整套权利、义务的规范和行为模式。社会群体或组织的构成班底是每一个社会角色，社会角色包含个体的社会期望与能力。社会角色有助于形成专业名声。

① 周梅，李桂平：《人际互动中的戏剧理论》，《经济研究导刊》，2010年第12期。

② 汪广华：《评述戈夫曼的社会拟剧理论》，《连云港师范高等专科学校学报》，2001年第3期。

# 第二节

# 名声传播与相关社会心理学理论

德国学者马莱茨克在他的著作《大众传播心理学》(Psychology of the Communication of Masses) 中提出了“大众传播场模式”，[①] 他认为传播之所以会达到这样或者那样的效果，绝不是仅仅依靠研究传播的五要素就能解释清楚的，还应该把传播的过程置于整个大的社会环境之中进行考量，简言之就是传播系统中的各要素是与社会系统的各因素相互集结、相互作用的。而其他社会因素和传播变量之间互相影响的过程实际上是非常复杂的内化的心理过程，因此名声传播与社会心理学有着千丝万缕的联系。

## 一、刻板印象理论

刻板印象 (Stereotype)，从词源上来看，是由两个希腊语单词“Stereos”（坚固的、稳固的、坚硬的）和“Typos”（一个记号、一种压痕或一种模型）合

① 董璐：《传播学核心理论与概念》，北京大学出版社，2008 年，第 36 页。

成的，表示坚固的模型。最早为刻板印象赋予心理学意义的是美国新闻评论家、传播学者李普曼，他在1922年发表的著作《舆学论》中首先提炼出“刻板印象”的定义，特指“人们由于生活在比较狭小的一隅，对该环境中生活的某一类人或某一类事会形成固定、概括、笼统的看法。”[①]

在认知理论看来，刻板印象是知觉者对某主体的抽象认知，包括相关的知识与料想。在进行认知的思维活动时，知觉者会把某个或某类主体与一系列品质、特征进行连接。[②]刻板印象是一种简单的分类方式，但在相同社会文化或同一社会群体中又具有一定的一致性。由于它的分类方式过于简单，导致它不一定符合事实，有时甚至是不正确的。

刻板印象既有正效应，也有负效应。正效应体现在：在共性的基础之上进行快速判断，不需要增加新的信息探索量便能得出结论，极大地简化了认知过程，非常节约时间和精力。负效应体现在：根据有限的材料做出普遍性的结论，会导致对个体差异的忽视，从而形成认知的错误。刻板印象的正、负效应与名声传播的功能与缺陷呈现一致的对应关系。

刻板印象在社会心理中普遍存在，三种因素导致了它的形成。一是社会传统和规范的社会化；二是个人的经验；三是大众传播媒介的影响。这三种因素分别对刻板印象产生了不同的影响：社会传统对成见的形成至关重要，属于本源性的影响，因为社会化的人的社会生活环境要求他必须顺应权威、传统以及历史；个人经验相对来说是有限与片面的；大众传播媒介的影响则是反映与传递，起到强化的作用。

刻板印象能快速提高知觉、推理和决策的速度与效率，名声传播同样具有这种认知优势。刻板印象处理信息的快速、高效可以满足受众们对名声传播新鲜性的追求。在刻板印象和名声传播中，人类认知的共性、民族集体意

---

① [美]沃尔特·李普曼：《舆论学》，林珊译，北京：华夏出版社，1989年，第98页。

② Lippmann W. , "Public Opinion", In *Agenda Setting: Readings on Media, Public Opinion and Policymaking*, ed.by Protess D.L. & McCombs M. , Lawrence Elbaum Associations, 1922, pp. 5-15.

识和无意识都被体现了出来，它们是人类文化中不可缺失的部分。传媒不仅在刻板印象形成过程中扮演着重要角色，也加快了名声传播的意义生成。

## 二、晕轮效应

晕轮效应 (Halo Effect) 由美国心理学家凯利 (H. Kelly) 提出的，又被称为“光环效应”“日晕效应”“以点概面效应”等。晕轮是指太阳或者月亮周围出现的一种光圈，由于视觉弥漫、扩散的效果使太阳或者月亮看上去好像扩大了许多。将晕轮形象化地应用于心理学中，就是描述这样一种效应：人们通常会对某人、某物或某事的某种品质、特性产生好或者不好的印象，并在这种感知的影响下，将该印象扩大到该主体其他方面。晕轮效应会影响人际知觉，造成断章取义、以偏概全。

晕轮效应在日常生活中几乎无处不在，名声传播的晕轮效应尤其明显。比如由新闻媒体、电影、电视营造出来的偶像明星们，他们如梦如幻的名声为明星渲染了一圈又一圈的“晕轮”，以至于那些拥有好名声的明星们在受众心目中基本上代表了正义、圣洁和不可侵犯。就算哪天人们看到了关于他们的某些负面新闻，人们也并不相信，反而会迁怒于媒体“乱写”。反之，那些拥有坏名声的明星同样会受到晕轮效应的影响，就算有媒体报道他们在做慈善，受众的第一反应仍然是质疑新闻的真实性和该明星的人格，比如“好假，不过是在作秀”。可见晕轮的外观虽然是淡淡的，但在受众心理上的影响却是固执而强烈的，这也就是名声传播晕轮效应力量强大的地方。

产生晕轮效应的因素有：个人掌握知觉对象的信息较少；个人主观推断的泛化、扩张；思维定势。这些因素综合起来的结果就是形成人的成见或偏见。晕轮效应产生的情形有两种，一种是在不熟悉的对象之间产生，另一种是在有强烈情感倾向的对象之间产生。这一点恰恰与名声传播的特点非常契合：首先，在距离被了解主体越远的地方，人们越需要名声传播；其次，名声传播本身是具有情感性的。

根据研究，最能产生晕轮效应的是事物的外表，美好的外表容易留下美好的第一印象。除此之外，对人来说，气质、能力、家庭背景等某一方面特别突出都会产生晕轮效应。而外表、气质、性格、能力、才智、家庭背景、个人修养的综合恰好就是人的名声信息的全部内容，因此名声传播的晕轮效应非常明显。

当然，晕轮效应有着以偏概全的弊端，具体表现在：

1. 遮掩性。有时事物的个别特征并不能真正反映事物的本质，人们却固执地以个别推及一般、由部分推及整体，必然导致牵强附会。

2. 表面性。晕轮效应往往产生在信息的浅层传播阶段，感觉的表面性、局部性以及知觉的选择性会导致对于某主体的认识仅仅专注于一些外在特征之上。

3. 弥散性。对某主体的整体态度还会连带影响到与该主体有关联的其他的事物之上。

## 三、睡眠效应

睡眠效应（Sleeper Effect），又被称为信息振幅效果定理，是美国实验心理学家、传播学奠基人卡尔·霍夫兰提出的。它指的是由于信源可信性高低的差异带来的不同传播效果。如果信源可信性高，那么随着时间流逝，传播的正效果会逐渐下降；如果信源可信性低，那么其传播的负效果反而会向正向进行转化。

对名声传播来说，“睡眠效应”的直接作用是可以使坏名声随时间的流逝而逐渐消失，这一点可以从某些广告的销售力量中体现出来。比如，某些广告发布之后便会遭到业内人士的批评和受众的反感，或者批评它平庸的创意，或者指责它牵强的情节、拙劣的表现、蹩脚的名人登场等。奇妙的是，尽管这些广告的名声很差，广告中的产品销量却在不断攀升，这就是睡眠效应所起的作用。

消费者对广告名声的判定能够唤起好恶的感情，而实际要进行购买行为时却是靠着利弊的权衡。名声差的广告虽然引起了人们的反感，但是同时也引起了人们的注意，让人们在进行购买决策时不由自主地回忆起该品牌。假如观众讨厌广告，只是否定其中的一些与情感反应相连的因素，比如“那个重复的语言真讨厌”（情感反应），那么睡眠效应就会发生，因为这种反应并不是反对意见，比如“说这东西能让人牙齿变白纯属骗人”（认知感应）。

导致睡眠效应产生的因素是时间。随着时间对信息源的疏远和其他信息的注入，人们的态度也可能发生改变。受众对广告名声的好坏判定是随着广告的呈现立即产生的，而对于产品的购买打算和行为在时间上却是延迟的。在看到广告到决定购买这段时间内会发生两种可能的变化，一是作为信息源的广告会随着时间的流逝在受众心中慢慢生疏，与此同时原来的否定性情感也越来越淡；二是随着新信息的持续注入也会在一定程度上冲淡原有广告坏名声的影响，这些信息包括该产品公司的公关行为或者其他的促销花样。

在日常生活中也有很多类似的情况：某些明星在某段时间内名声很差，过了一段时间，他的坏名声逐渐被人遗忘，到后来其名声竟然有可能会慢慢变好。睡眠效应在名声传播的好、坏名声转换之间体现得尤为明显。

在睡眠效应中，霍夫兰做了一系列的实验来考察信源可信性与说明效果之间的关系。根据实证研究的结果，霍夫兰得出结论：信源的可信度越高，其说服效果越大；可信度越低，其说服效果越小。“可信性效果”的概念对名声传播的启示是：树立良好的形象、争取受众的信任是改进名声传播效果的前提条件。

一般来说，信源的可信度包括两个要素，一是传播者的信誉和形象是否诚实、公正；二是专业权威性，即传播者是否是相关领域的行家，对议题是否具有公认的发言权和发言资格。对名声传播来说，要想扭转受众的态度，也要从这两方面入手，特别是有关某名声承载者的坏名声，有什么比该承载者亲自在受众视线中通过所作所为亲证清白更有说服力呢？

## 四、自己人效应

“自己人”，是指在进行交往时对方把你与他自己在心里归于同一类型的人。“自己人效应”就是心理学上的一种现象。人们通常对“自己人”所说的话更信赖、更容易接受，尤其是在人际交往中，人们更容易接受“自己人”的某些观点、立场，甚至在对方提出不合情理的要求时，人们难以拒绝。

茫茫人海不是所有人都可以与他人互为自己人。成为自己人的基础是建立在交往双方具有某些共性之上的，这也就是苏联社会心理学家肖·阿·纳季拉什维利眼中的“共同规律”。他认为，使一个人将他人“确认为自己人的条件是：立场相同(世界观、阶级立场、信仰、理想)、背景相同(民族、籍贯、职业、经历、年龄)、个性相投(兴趣、爱好、性格、气质)、观点一致、利益一致。只要两个人满足以上条件中的任何一项，便有可能成为自己人，并且这种可能性会随着满足条件的增多而提升。”[①] 名声传播恰好在人际传播中发挥了寻找共性的作用。众所周知，世界观、阶级立场、信仰、理想等是人融入骨子里很难改变的要素，人们在人际交往中也很难在这些方面对交往对象曲意奉承，但是名声信息则不一样，它是人类交往中共性的最大公约数，因此利用名声信息的传播很容易达到“自己人”效应。

“自己人”效应究其根本是满足一个人的归属感。出于安全的需要，每个人都希望自己归属于某一个或多个群体，最初是家庭，继而逐渐融入其他团体。当归属感被满足时，人们的孤独和寂寞感则会得到一定的减少和消除。美国社会心理学家威廉姆·舒茨(William C. Schutz)在他的“人际行为的三维理论”(A Three Dimensional Theory of Interpersonal Behavior)中谈到：“在人际互动中，人们要满足包容需要、支配需要和情感需要。情感需要指的是在互相尊重的基础上建立并保持与他人融洽关系的需要。”[②] 因此从某种意义上讲，

---

① 陈力丹：《解析中国新闻传播学2013》，北京：人民日报出版社，2013年，第125页。

② William C. Schutz, *A Three Dimensional Theory of Interpersonal Behavior*. Rinehar, 1958, p. 20.

人际交往就是一个寻找归属感的过程。

细分起来，归属感可以分为 5 个维度，即，舒适感、识别感、安全感、交流感、成就感。对此，名声传播的“自己人”效应能够让这些维度都得到不同程度的满足。如果交往双方关系密切、感情深厚，当着交往对象的面评述对方的好名声就能够让对方获得明显的舒适感、识别感与成就感；如果交往双方关系生疏、感情较浅，谈论与双方隐私无关的有关公众人物或公众事件的名声信息，则能够让双方获得明显的安全感和交流感；如果在交谈过程中，双方对被讨论对象的名声信息观点一致，那么由此便会进一步产生舒适感和成就感。

利用名声传播的自己人效应是融洽人际关系的好办法，但其中也包含着很多需要注意的细节：

第一，在名声传播中要注意把共性中的“价值观的类似性”和“情感上的相悦性”具体化。阶级地位、政治态度、原则立场这些根本问题上的类似性确实是确立人际关系中的“自己人”的前提，但如果交往双方在这些方面实在无法达成一致，那么就需要注意后面几点。

第二，使双方处于平等的地位。要想获得对方的信赖，先要和对方缩短心理距离，与之平等相处，无论是同甘共苦，还是换位思考，让彼此的心灵处于同一平面上，才有可能产生“共振”。人际交往的过程，也是角色互动的过程。名声传播最有利于交往双方产生平等地位。

第三，增加“可信度”。“可信度”是指使交往对象相信传播者的言行真伪的程度，通俗来说就是名声传播的用语是否中肯。在影响可信度的因素中，存在着一个“隐藏动机”，即交往对象对传播者言行动机的理解。如果交往对象认为你的传播动机是出自高尚的目的，就会相信你；反之，如果交往对象认为你的传播动机是为了个人私利，那么可信度就会大为降低，反而会产生“不是自己人效应”。因此对名声传播来说，名声信息本来就真假混杂，好坏参半，掌握好对好名声的褒扬度和对坏名声的贬低度都一样重要，否则传播效果就可能适得其反。

第四，着力传播名声承载者的才能魅力。当其他条件都相当时，某名声承载者越有才能，越容易被人喜爱。人们通常有一种“使自己正确”的心理需要，如果名声承载者十分有才能，人们就会感到与之交往有利于使自己正确并得到提高，名声承载者的人际吸引力由此产生。使交往对象产生钦佩和欣赏被称为“自己人效应”中的“能力吸引”因素。

第五，对名声承载者来说，关键还是在于使自己的个性品质进一步得到优化。具备内在品质才能产生经久不衰的吸引力，尤其当名声承载者是人时。自私、奸诈、冷酷的性格特征会妨碍人际间的吸引，不利于“自己人效应”的产生、发展，而真诚、热情、友好则会增加吸引。

# 第三节

# 名声传播与传播学理论

随着传播学“本土化”的深入，传播学与其他学科在不断融合的基础上极大地拓展着学术研究的外延，呈现出多元化、多极化、规范化的趋势。组织传播、人际传播、健康传播、政治传播等分支领域的研究使传播学呈现出活跃的态势。传播学的理论和方法是名声传播理论的基础和核心，名声传播中的每个环节都离不开传播学原理的具体应用。

## 一、“使用—满足”理论

“使用—满足”理论（Uses and Gratifications Theory）是考察受众对媒介的使用动机和获得需求满足状况的一种大众传播理论。[①] 在该理论诞生之前，传播学的研究焦点基本上放在传播者上。该理论诞生之后，研究焦点则成功地转移到了受众。该理论把受众视作有特定需要的个人，所以人的媒介接触

① 秦艳华，路英勇：《全媒体时代的手机媒介研究》，北京大学出版社，2013 年，第 98 页。

行为则是满足这些需要的过程。

美国社会学家 E. 卡兹 (E. Katz) 是“使用—满足”理论的奠基人之一，他在 1974 年发表的《个人对大众传播的使用》中初步提出了该理论的核心概念。他提出了著名的媒介接触行为因果连锁过程，即人们在社会因素和心理因素的共同作用下会产生媒介期待，媒介期待又会引发媒介接触，媒介接触使受众的众多需求得到满足。此后，E. 卡兹又与布拉姆勒（Jay G. Blumler）共同进行了一系列研究，正式对使用和满足理论进行系统论述。该理论在学界得到广泛认可，成为传播学的经典理论。

那么，受众通过对媒介的使用令自己得到满足的需求究竟有哪些呢？一些学者把它们归结为三方面：一、认知效用（cognition）。比如，通过媒介知道世界动向、政府行为、领导人行踪；从媒体中借鉴生活经验、处事方法；满足好奇心等。二、心绪转换效用（diversion）。比如，通过媒介获得刺激或激励，为日常事务的厌倦心情寻求调节；摆脱压力进行放松；释放受众自己的情感。三、人际关系效用（personal relations）。不管是现实人际关系，还是媒介中的“拟态”人际关系，都能或多或少地满足人们与社会互动的需要。

“使用—满足”理论强调了受众的主动性，突出了受众的地位，但也存在着一定的局限性。虽然受众可以自由地使用媒介，但只能在媒介所提供的限定性范围内进行信息接收，不能反映出受众的传播需求和作为传播权力所有者所具有的能动性。

名声传播里同样也有“使用—满足”理论的应用。受众使用媒介获取各种名声信息，一是为了娱乐，比较典型的是受众关注文体娱乐明星的名声传播——谁是德艺双馨的艺术家，谁是整容脸、心机女，谁最近又参加影展、比赛获奖，诸如此类。受众关注这些是为了逃离日常、消磨时间、满足“八卦”心理。二是获取信息，比如谁是世界上最高的人，谁打破了某项世界纪录，哪座山脉是世界最高峰，哪个组织最关心群众等。受众可以利用这些名声信息来快速认知世界、得到启发、感到安全、满足好奇心。三是反映、巩固或者对比自己的个人名声。受众会为了形成自己的好名声而从媒介中选择与自己的价值观或者某一方面有共性的名声信息进行比照，产生内化的效应。比如，受众选择英雄、模范的名声信息是为了学习他们的高尚行为和品格，让自己在“见贤思齐”中得到提升，赢得自己的好名声。所以“榜样的力量是无穷的”其实也可以从名声传播的角度进行理解，榜样的好名声对受众产生晕轮效应，受众也希望自己能够拥有这种神奇的效应。受众选择希特勒的名声信息，既是为了“知己知彼百战百胜”，也是为了警诫自己，决不能像他一样“遗臭万年”。四是为了社会互动。获取更多名声信息的人能够在人际交往中占据积极的主导地位，能够比他人拥有更多可供“闲聊”的话题。传播名声信息所引发的替代性感情经验，能够更多地引起交往对象的共鸣。

## 二、拟态环境理论

沃尔特·李普曼（Walter Lippmann）作为传播学史上具有重要影响的学者之一，很早就敏感地意识到了大众传播对现实环境的深刻影响。他在《公众舆论》里提出了“拟态环境”的概念，在《自由与新闻》中则提出了“刻板成见”的概念。

拟态环境指的是媒介的“拟写现实”的功效，媒介为受众塑造了一个虚拟的现实环境，它并不是对现实环境 “镜子”式的再现，而是经过了媒介对象征性事物或事件的选择、加工、重组之后才向人们展示的环境。随着现代社会日益巨大化、复杂化，由于活动的范围、精力、注意力有限，人们不可能对与之有关的所有外部环境以及事件都产生直接经验性接触，人们只能通过媒介的“拟写”去了解和认知超出自己亲身感知的世界。由于媒介的加工、选择、重组活动是内部进行的，一般受众无法看见，所以受众通常意识不到这一点，反而把“拟态环境”当作真实环境一样来看待。于是人的行为成了对 “拟态环境”的反应，而不是对真实环境的反应。拟态环境是具有自身局限性的，它与真实世界的同构或者反差程度严重地影响着受众的认知。“拟态环境”概念得到了格伯纳、梅罗维茨等众多学者的传承和发扬，形成了一套理论体系。

李普曼认为，大众传播的强大力量表现在它们不仅是“拟态环境”的主要营造者，还能够在形成、维护和改变人们的刻板成见方面拥有强大的影响力。“刻板成见”指的是人们容易对特定的事物产生一些固定化、简单化的观念，这种先入为主的印象会影响人们对待该事物的价值评价和好恶的感情。刻板成见的好处在于可以为人们快速认识世界提供简便的参考标准，弊端在于阻碍了人们对新事物的接受。刻板成见可以发生在个人身上，也能够发生在一个社会之中，因而它也能起到控制社会的作用。

刻板成见与拟态环境是一对同胞兄弟，刻板成见的形成离不开拟态环境的铸造。

根据媒介塑造的“拟态环境”，人们会对拟态环境本身及拟态环境中的万事万物形成各种评价，从而产生不同种类的名声。从这个角度来说，一部分名声是在拟态环境中形成的，还有一部分名声是在真实环境中形成的。在拟态环境中形成的名声是出现在媒介中的，很多受众对它并非有着直接的接触；在真实环境中形成的名声是产生在真实地交往、接触之中的。这就是人们为什么会对相同事物的评价产生“名副其实”或者“名不副实”的判断的原因。拟态环境为受众营造了某人（物、组织）的媒介形象，受众在媒介形象的基础上产生对它们的评价，评价的集合就形成了相应的名声。一旦受众与真实的某人（物、组织）产生直接接触，受众就有可能会对该名声产生认同或者质疑的反应。

名声传播中的刻板成见体现在人们会根据某种名声的好坏判断来笼统对待持有这种名声的所有个体。比如，河南人曾经常常被“污名化”导致名声欠佳，有的人对所遇到的每一个河南人都会在不同程度上产生偏见进而导致可能的不公平对待。因此破除刻板成见对名声传播来说显得尤为重要。

第三章

# 名声的特性与功能

研究名声传播，首先的任务是要明确研究的基本对象，探索其本体特征，进而力求挖掘其核心理论。名声依附于某个人的姓名、某些组织、商品名称之后，它能增大，也能缩小，它可以成就一个人、组织或者商品，也可以损坏他们。总之，名声具有强大而神秘的力量，那么究竟什么是名声？它具有哪些特性？古往今来一直跟人类社会如影随形的它，究竟在社会中具有哪些功能？这些都是首先要探讨的问题。

# 第一节

# 名声的概念[①]

## 一、名声相关概念分析

在英语中，名声译为fame，在韦伯辞典里fame被解释为the condition of being known or recognized by many people。名人则被译为celebrity，celebrity来自拉丁文celebritas，因为celeber表示“常去的”“众多的”或“著名的”。这里还有一个有趣的拉丁神话，在众多神中有一个负责传递信息的女神俄萨，她的罗马名字就是法玛（Fama），法玛不仅可以吹着号角快速传播信息，并且也因此而掌管着人类的名声。她对名声的分配毫无规律可循，时而很大方，慷慨地把名声分给某些有过人之处的活人；时而很吝啬，让众多才子佳作生前籍籍无名，死后反而热闹。法玛掌控名声的这些特质和名声传播的某些轨迹有着太多的相似之处，这也是英语名声fame的由来。Fame在英语中是中性词，在它前面可以加一些形容词，比如ill fame丑名，恶名；undying fame不朽之名。

① 魏婷：《名声传播的特性研究》，《新闻界》，2015年第21期，第32页。

名声一词在我国较早见于佛家术语，《无量寿经》上曰："我至成佛道，名声超十方。究竟靡所闻，誓不成正觉。"这是法藏比丘在佛前发了四十八大愿之后说的话，意思是将来如果我成佛的话，名声要超遍法界十方三世，一定要让南无阿弥陀佛的名号回响在娑婆世界里。佛教在东汉时自西向东传入我国。隋唐时期是中国佛教的鼎盛时期，《无量寿经》是当时净土宗的经典。这说明名声一词至少在隋朝时已经存在。在这里，能够得出以下结论：

一、名声是需要广泛传播的，将好名声散播出去不仅是普通人的正常追求，还是佛教等宗教传播所追求的至高境界——宗教的名声传播得越广越好。

二、宗教借助名声的广泛传播来向众生传播其深刻的教义，宗教名声传播的广泛程度决定了其可能吸收的佛教徒人数的多寡。

实际上，佛教作为教化众生、净化社会的一种力量，在培养人的好名声方面的确进行了深切的关注和考量，比如唐代《六波罗蜜经》中就谈到了人获好名声之道——不说他人过，亦不称己德，智照无自他，当获大名称。在这里，大名称是褒义的，近似于"被称赞的名声"。人想要获得被称赞的名声，最重要的是自己要有高尚的品德，而且愿意挺身而出，为大众服务牺牲。能够用心奉献，自然会实至名归，令誉如潮。自赞毁他不但不能如己所愿，反而败德伤名，得不偿失。

可见，在我国早期，名声一词本身是含有褒义的，人人都能领会其义，但含义并不确定明晰。

### （一）名声与名誉的区别

名誉，英语里译为 reputation，在韦伯辞典里 reputation 被解释为 a place in public esteem or regard。名誉指社会对公民或者组织关于其品德、才干、名声、信誉的评价，它对该主体的社会地位、信誉、信用有直接影响。可见名誉一词是带有德性意义的。英国哲学家约翰·洛克曾说："名誉虽然不是德行的真正原则和标准，但是它离德行的真正原则和标准是最近的。"[①] 我国明朝以

① 郭东斌：《格言大辞典》，沈阳：辽宁人民出版社，1990 年，第 75 页。

处世思想为主的格言式小品文集《菜根谭》里曰："富贵名誉，自道德来者，如山林中花，自是舒徐繁衍……"意思是富贵和名誉如果是从修道养德中得来的，那么它们就像是生长在山林里的野花，一定会逐渐繁殖，绵延不绝。相反，如果富贵和名誉是依靠权势力量得来的，它们就会像花被移植而受到影响或者像花被插在瓶中，失去根苗，逐渐枯萎。而名声则不一样，拾金不昧、嫉恶如仇可以出名，坑蒙拐骗、鸡鸣狗盗也可以出名；廉政无私、保家卫国可以出名，投机取巧、盗名窃誉同样也可以出名。所以，名声与名誉的最大区别就在于名声并不带德性意义，它更为中性。

在某些场合，名誉还可以作形容词，意思是名义上的，多指所赠予的某种职位，带有敬重的意味，常见搭配是"名誉教授""名誉会员""名誉主席""名誉市民"等。而名声则没有这样的用法。

另外，从法律上来讲，存在着名誉权，而没有名声权。名誉权主要表现为对名誉所获得的利益具有支配的权利，在名誉受到损害时具有依法维护的权利。人的名誉换言之是具有人格尊严的名声，它既是人格的重要组成部分，在法律上也受到相应的严格保护。由此可见，名声概念的外延大于名誉。名声不仅仅包括某人得到的关于人格的评价，还包括有关人的性格、行为方式、形容特征等一切的评价。

### （二）名声与标签的区别

标签，英语里译为label，在韦伯辞典里label被解释为：1. a piece of paper, cloth, or similar material that is attached to something to identify or describe it。2. a word or phrase that describes or identifies something or someone。

众所周知，标签这一概念最初是为了识别商品而产生的。早在18世纪初的欧洲，人们便印制出了第一批标签运用在药品和布匹上。标签的用处很大，它可以标志产品类别、功效、特性，便于人们查找和定位。随后，标签这一概念被移植用于人类社会。1951年，社会学家莱默特首先在社会学中提出了"标签"的观念，十年之后贝克尔（H.S.Becher）在其著作《局外人》一书中进一步对其进行了阐发。标签理论认为：个人行为出现偏差，除了有一定的个人品质的原因，还由于社会互动中来自他人或其他组织对其进行武断判断后所贴的坏标签。那些被贴上坏标签的人在以后的生活中可能会受影响，导致其慢慢改变自我形象，从而逐渐地将自己归属于被标签的角色之中，那么“自我应验预言”的恶性循环就将形成。在标签理论中，社会学者更倾向于研究坏标签对人的社会越轨行为的影响。

随着标签越来越为人所熟知，人们不仅关注坏标签，还发现标签的一些好处——可以将它应用于大千世界的各种人群中，自觉或者不自觉地给某一类人贴上标签方便识别和记忆，从而进行信息管理。比如网络时代，网民们会给那些发型传统，相貌普通，性格温和，不吸烟、不喝酒，有支付住房首付能力的男性贴上“经济适用男”的标签；给不拜金、不过分追求时尚、安于平常生活的女性贴上“清汤挂面女”的标签。

那么，名声与标签究竟有什么区别？从标签理论的研究角度出发，人们对自我形象进行界定则产生了标签，但自我形象不是孤立形成的，它需要与他人进行互动，在互动中来自他人的标签是形成自我形象的一个重要因素。也有研究者认为：根据定位的原理，名声就是外界对特定个人的定位，并将这个定位作为标签，成为替代特定个人的简洁概念。[①] 也有研究者将标签定义为个体的某种特质：“在声誉机制的研究中，个体依据对手的声誉决定是否进行合作，从该意义上来讲，标签同样是个体所拥有的某种声誉，不同的是，印象分数、名声等声誉是一种后天的、可变的声誉，随着博弈的进行而变化，而标签是一种先天的、稳定的声誉。”[②]

综上，笔者认为名声与标签都属于主体的某些属性的标识或者评价，都是他人赋予的，但是名声较标签概念范围更为宽泛；标签适用于某一类人或物，而名声不光适用于某一类人或物，还适用于千姿百态的人或物的个体；

① 张培基：《人生》，杭州：浙江人民出版社，2004 年，第 61 页。

② 刘国芳，辛自强：《间接互惠中的声誉机制：印象、名声、标签及其传递》，《心理科学进展》，2011 年第 19 期，第 236 页。

标签从变化轨迹上来说，它更具有稳定性，而名声则不一样，很有可能因为某件事情的发生，导致某人名声由好变坏，或者由坏转好；标签具有快速分类，方便记忆的优势，但也有着抹杀个性差异和忽略变化的劣势，而名声则不一样，它更能因人（物、组织）而异。

## 二、名声的概念

究竟应该怎样为名声下定义呢？有人把名和利看成是社会资本的产物和终极目标，二者紧紧相连，一个指向精神，一个指向物质，但二者可以互相转化。他们给名声下的定义是，名声一般指普遍被认定的一个人的品德或者某人受到的评价。[①] 也有人认为："名声是在社会上流传的评价。多指人或与人有关的单位、产品等。"[②] 这两个概念都相对简洁，能够让人意会，却缺乏一定的学术严谨性。

两个概念都谈到了一个关键词"评价"。事实上，评价行为发生在每天的每一刻，新闻报道在评价公众人物的得失，历史学家在评价历史人物的功过，普通人在评价亲朋好友、同事、明星……总之，人们甚至常常在无意识的状态下，就对周围的人和事做出了价值判断。究竟什么是评价呢？评价是对一件事或人物进行判断、分析后的结论。判断和分析可能是依据计算、可能是依据观察或者咨询等方法进行。评价可以来自自我，也可以来自他人，总之评价的主体是人，而人在对被评价对象进行判断和分析时难免受到多种因素的影响，因此世界上不存在百分之百客观的评价。

就人而言，一般是从哪些方面进行评价的呢？在孙子眼中，他会从智、信、仁、勇、严五个方面来对一个将领进行评价；在党组织（党组织也是人的集合体）眼中，他们会从品质、能力和行为三个方面是否具有先进性来评价一

① 肖冬平，王春秀：《社会资本研究》，昆明：云南大学出版社，2013 年，第 75 页。

② 朱庆明：《HSK 帮你顺利通八级之词汇篇》，北京：清华大学出版社，2007 年，第 82 页。

个党员是否合格。对于普通人来说，评价可以包含道德方面（比如是否诚实守信，是否孝顺）、个人能力方面（比如是否勇敢，表达、组织能力是否强）、性格方面（比如是否乐观、自信、积极、大方）、形象方面（是否漂亮）等。通过上面的分析发现——所有对人的评价都具有一定的指向性，一定是指向着人的自然属性或者社会属性，并且依据着一定的标准，这些标准因人而异，所以评价也就被同时打上了人的理性思维和感性思维的双重烙印。

另外，朱庆明的名声概念还谈到了“社会”这个关键因素。虽然名山大川、风景名胜、组织单位甚至国家都有属于自己的名声，但归根结底它们都是人类社会所赋予的，而且也是为人类社会所需要的。以名山大川为例，山水本身需要名声吗？不！那它们的名声又是怎样得来的呢？

在人类社会早期，自然崇拜现象十分普遍，人们将日、月、天、地、山、水当作自然神加以崇拜，从而寄托人类的心理祈求。名山大川的名声得以传播。到了汉代，道教形成，佛教东传。教徒们把名山大川当作超凡脱俗的仙境来开展宗教活动。名山大川的名声得到了进一步的幻化。魏晋南北朝时期，士大夫以及文人们前往名山大川游览成为当时文艺界的一种新风尚，他们在游览中创作了大量的山水诗和山水画，形成了山水文化。名山大川的名声在文化传播中进一步弘扬。时至今日，中国社会已经历了数次转型，人们的审美爱好及审美意趣都发生了改变，名山大川不再仅仅是审美对象，更人们是研究和了解地球演变的天然博物馆。中国名山大川的名声又有了新的内涵——科学教育，这也是它能够蜚声世界的原因。不管是宗教崇拜、感怀人生，还是审美、科学教育，这一切都是人类赋予名山大川的，所以名声存在的领域就是且只能是人类社会。

综上所述，笔者试图给瞬息万变、扑朔迷离的名声下一个定义：名声是流传在人类社会中依附于某一承载者的名字（名称）之后，由他人所赋予的关于这一承载者的多种评价的集合，该承载者可以是人、物、组织等。简单地说，名声就是评价的集合。当然，在集合的过程中存在着评价的去粗取精、去伪存真、增添、整合等复杂的信息传播机制。

# 第二节

# 名声的特性①

虽然对名声的学术研究并不多，但名声这个伴随人类社会从始至终的独特的产物一直以来都很为人关注，中外历史上不少的名人围绕名声提炼出不少名言。因为他们自身经历过名声的起起落落，自然对它有着比普通人更深刻的认识。比如，英国文艺复兴时期散文家、哲学家弗朗西斯·培根说："谁能比这种人更痛苦呢？他们人虽在世，却已亲身参加了埋葬自己名声的丧礼。"②关于名声的名言中有的谈到了名声的可遇不可求，有的谈到了名声的功利性，还有的谈到了名声的持久性等。那么，追根溯源名声究竟具有哪些普遍的特性呢？

---

① 魏婷：《名声传播的特性研究》，《新闻界》，2015 年第 21 期，第 33 页。

② 王正平：《世界人生名言大辞典》，北京：华夏出版社，1993 年，第 103 页。

## 一、传承性

在关于名声的定义中，谈到了“流传”一词，指的是传下来或传播开。其实，这里面就蕴含了名声与传播的密切关系。失去了传播，失去了各种评价在人类社会的自由流动，那么不管是怎样的名声都难以为更多的人所知，名声将趋于消亡。茫茫人海，名字是人的一种符号的代表，也是人的信息传递的主要载体，而名声恰巧是有关人的某些信息，这些独一无二的信息则将人与人区分开。信息具有十个基本特征，其中一个特征就是可传递。名声天生就具备了可传递的基因。

名声的传承性指的是它可以传给名声承载者身边的人、物、组织甚至地域。以名声对人的传承来说，最常见的一个社会现象是名门望族，它指的是那些历史悠久而声望很高的家族，这种家族通常由一个名声很大备受后人推崇的始祖建立，经过几代人的努力，不断在各行各业建功立业，使该姓氏家族的名声越来越大，以至于代代相传，名荫后人。我国古代有著名的名门望族，如陇西李氏、弘农杨氏、琅琊王氏。这些名门望族的形成当然有着深刻的社会历史原因，但不可回避的是，但凡出自这些名门望族的人，不管他是天才还是庸才，都不可避免地沾染或者传承到了一定的名声。除了古代的王谢子弟[①]，在近代也有被人们津津乐道的例子，如江苏无锡钱家，就有著名国学家钱穆、钱基博、钱钟书，著名科学家钱学森、钱伟长、钱永健（诺贝尔物理学奖获得者）。名门望族里每一个名人的名声都互相传递，互相传送光芒，以至于整个家门名声响亮。

人的名声传递给物的现象也屡见不鲜。2013 年 12 月 29 日，习总书记在庆丰吃包子的消息一经媒体报道，北京月坛北街的庆丰包子立刻名声大振，总书记点过的肉馅包子和芥菜“套餐”一度脱销。

---

① 指那些出身望族而且才华出众的青年。“王”指王羲之、王献之等人的家族，山东琅琊王氏，“谢”指谢灵运、谢朓等人的家族，河南阳夏谢氏。

人的名声同样可以传递给某个地域。以河南省为例，它被誉为“中华文明的发源地”，从名声角度来看，是哪些人的名声让河南省获得如此称号？据史料记载，河南省不光有远古人祖盘古、大禹，还有人口排列前120位汉族大姓的姓氏世祖，老子等先秦诸子，张良、姚崇等良臣名将，仓颉、杜康等行业宗师，贾谊、蔡文姬、杜甫等文坛高士，丘处机、玉真公主等宗教大德。对这些历史名人的名声追根溯源，都共同指向了河南地域。

值得一提的是，人的名声的传承性不光局限于好的名声（即美名），坏的名声（即污名）同样适用。污名（Stigma）就是一种使人深深感到羞辱的特征或属性，是社会对这些个体和群体的贬低性和侮辱性的标签，它可以是身体上的缺陷，可以是个人品质方面的污点，还可以是不受欢迎的阶层或群体的成员资格。[①]

名声的传承性非常强，它像一个感染力极强的光圈，名声承载者周边的任何人、事、物、地域无一例外都会被晕染、被影响。这是它强大的地方，也是它神秘的地方。

## 二、震慑性

震慑性的英文为shock，韦伯辞典解释为“a severe shake, jerk, or impact”。名声的震慑性指名声给名声传播的受众所带来的情感上、心理上的猛烈冲击。初识一个籍籍无名的人或物，由于对其没有任何预设印象，受众不会在情感上、心理上产生任何涟漪；而一个有名声的人或物则不一样，受众会随着不同的名声产生不同的情感、心理体验，比如对著名的科学家心生崇敬，对臭名昭著的战争犯心生厌恶。

在美学上有一个著名命题——距离产生美[②]，是由瑞士心理学家、美学

---

① 张晓虎：《艾滋病问题的双向建构》，北京：知识产权出版社，2013年，第40页。

② 凌继尧：《美学十五讲：第2版》，北京大学出版社，2014年，第63页。

家布洛提出来的，说的是人们在欣赏自然美、社会美和艺术美等的审美过程中，应该在时间、空间、心理等方面保持特定的、适当的距离，否则就会影响和削弱审美主体的审美效果。笔者认为，距离不仅产生美，也制造了名声传播的土壤。名声传播是人际传播的一种特殊形式，普通大众通过名人的名声来对其进行初步判断，以确定自己对待某个名声的态度。人类社会传播各种名声的行为在某种程度上也是一种审美活动。美是能够使人们感到愉悦的一切事物，当然包括人类社会中形形色色的人。人的美在社会美中占有中心地位。审是人们对一切事物的美丑作出评判的过程。传播名声这种审美活动可能表现在人们乐意弘扬美好的名声，因为在和谐审美观看来，作为个体的人，其审美追求旨在提高精神境界、促进自我和谐发展；对于群体，审美能够创建和谐世界。名声之所以需要审美，是因为世界上存在的种种名声是需要人类去进行判别和取舍的，人类需要弘扬那些美好的名声。

当然，传播名声这种审美活动也可能表现在人们同样喜欢散播丑陋的名声。随着现代社会的发展，与审美相对应的另一个新词汇出现了，即审丑。实际上，审丑本身就是审美的一种特殊表现形式。丑陋的名声与美名相左，反映的是人性的负面，是对人的本质力量的扭曲与异化。名声的审丑在一定程度上反映了社会对人性的批判和对个体精神的反省。

在新媒体时代，审丑案例从2004年“芙蓉姐姐”的走红开始层出不穷，“凤姐”、宋小宝、郭老师不一而足，这些案例的共同特点就在于他们因为丑而知名，冲击着人们的视觉神经和心灵。大众传播丑陋名声的心理动机之一在于自尊需要。人们喜欢受到周围人的重视和认同，经常要通过同他人的比较来获得自尊，这是一种自我防御机制。尤其是对于自尊低的人，他们需要有比自己更不堪的对象来进行品头论足以维护自己的自尊。

善恶美丑都传世。那些善或恶、美或丑的名声都会给名声传播的受众带来情感上、心理上的猛烈冲击，这是不争的事实。总之，名声传播是一种审美判断，它来自人的主观态度和情感，而引发这些情感波动的根源就在于名声的震慑性。

## 三、不平衡性

不平衡性指的是构成事物的若干矛盾之间以及矛盾的各个方面在发展中具有不同的地位和作用。名声的不平衡性指的是名声在不同的地域传播的广度、影响力度是不一样的。名声的不平衡性根源于文化的地域性及文化发展的不平衡性。

首先要明确一点，名声是一种特殊的文化形式。从广义上来说，文化包含人类创造的所有物质财富和精神财富；从狭义上来说，文化特指社会的精神财富，包括科学、语言、哲学、政治、经济等各种意识形态，以及相应的制度和实体附属物。不同的名声反映了人们不同的世界观、人生观，尤其是人们对不同名声的不同态度更是反映了社会价值观念的时代性。价值观念集中反映了创造文化的主体的需要和利益，是文化的核心理念。

时间使人的发展呈现出丰富性，千差万别的空间环境则在人的生成和发展历史过程中造就了千姿百态的社会制度、生活形态。中国幅员辽阔，由于山河阻隔，各地交通、通讯、信息的传播交流程度也参差不齐，不同地域的文化往往因为在一个相对封闭、独立性较强的空间内发展而表现出一定的地域性及发展的不平衡性。名声同样具有这样的属性。

根据各地信息传播水平的不同，可以把名声传播的地域发展不平衡性分为名声传播的发达地区和名声传播的不发达地区。名声传播的发达地区有这样几个特点：1. 名声传播信息量大；2. 有足够多的名人数量或者名山大川等；3. 有大量具备影响力的媒体；4. 名声在这个地区不是稀缺品。反之，名声传播的不发达地区则是指该区域缺乏有影响力的媒体，很多当地的事情难以快速传播到外部，它们遵循的出名方式通常仍然是酒香不怕巷子深。这种地区往往名人数量很少，名声基本上是输入，而很少有名声的输出。比如中国的东部的名声传播明显比西部更发达。

名声的地域发展不平衡性不光体现在国内，在国际社会上来看，也是如此。名声输入和输出的差异也可以理解为它们体现了国家之间软实力强弱的差距。2011 年 9 月 27 日，2011 年名声最好的国家排行榜由声誉顾问公司（Reputation Institute）经过调查研究后予以公布，中国位居第 43。这篇报告以全球 4.2 万人为调查对象，被调查者对这些国家的信任度、赞赏与好感，被调查者对这些国家人民生活质量、安全与环保意识高低的观感都成为具体的衡量指标。从数据显示来看，名声排名的情况与国家软实力的强弱是成正比的。

名声的不平衡性还有一个更直观的例子——墙内开花墙外香。墙内花开，但往往近而不知其香，花香随风飘荡，倒是让墙外的人首先闻到了花的香味。这恰恰生动地反映了某人或某物在出产地的名声反而不如在外地响亮的现象。以中国电影为例，不少优秀的国产电影在国际电影节上屡获大奖，回到国内放映却看客寥寥，比如《钢的琴》《人山人海》《神探亨特张》等，都是“赢了口碑，输了票房”。这种名声的不平衡性与这些电影本身缺乏商业宣传、没有明星名声支撑，与欠缺完备的艺术院线、无法根除盗版问题、城市人文氛围不同等都有极大的关系。

## 四、归属性

归属性指的是事物都有按照某种种类、等级或性质归于一定系列的特性。名声的归属性指的是在每个不同的领域、行业或者不同的人际圈子都有专属于这个群体特点的名声，圈外人士不一定知晓它、关注它。

首先，名声的社会归属性源于人的社会属性。人是一种社会存在物，为了克服人类自身的局限性，他需要与其他人结成一定的群体共同生活；同时，人在肉体上的局限会影响到人的心理，使人常会有孤独、迷茫之感，他需要融入一定的群体中增强自身力量，树立信心。个人是社会存在和发展的前提，社会能够为个人的存在和发展提供物质条件和精神文化资源，离开了社会，个人将无法生存。随着社会的分化，各种团体、集团、社会类属形成，人会由于其所归属的团体、类别的集体行为而显示出差异性。物以类聚，人以群分。任何一种特征，比如职业、血缘、家乡、品味、爱好、特长、个性、性别，都可以组成不同的圈子，以保持自身的生活方式。

从陌生度的高低这一标准出发，可以把名声分为普通人的名声和名人的名声。与普通人的名声相比，名人的名声更容易引人注目。所谓名人，从广义上来说是一定范围内有高知名度的人，因此各行各业——演艺界、文化界、政治界、体育界、司法界等都有自己的名人，不一而足。但是，这各行各业名人的名声在大众眼中的知晓程度、关注度、美誉度却是很不一样的。

## 五、想象性

想象是人在头脑里对已储存的表象进行加工改造形成新形象的心理过程。名声的想象性属于一种再造想象，即根据别人对某名声承载者的评价描述，在自己头脑中形成新评价的过程。

想象活动包括以下一些认知加工活动：1. 黏合（或称比拟），就是把两种或以上本无关系的客观事物的属性和特征结合在一起，构成新形象。2. 夸张，就是故意增大或缩小客观事物的正常特征，使他们变形。3. 人格化，就是对客观事物赋予人的形象和特征，从而产生的新形象。4. 典型化，就是根据一类事物的共同特征来创造新形象。人类在给名声勾勒轮廓、填充血肉的时候，无不在对名声承载者的各种属性、特征等信息进行相关整合。以历史人物的名声来说，现代人除非时空穿越，否则没有可能与活生生、实实在在的那些帝王将相、良臣名媛们近距离接触，观其貌、闻其言、审其行、度其意，人们只能通过遗留下来的相关史料，综合自己有选择地愿意相信的某些来自他人的评价，在自己的脑海中进行复杂的认知加工，从而对其形成自己的判断，其中难免没有想象的成分。

以远古时期的华夏部落联盟首领黄帝为例，他的名声不可谓不响亮，更由于年代久远，出于民族的尊崇和政治的需要等因素，他的名声也在中华民族后辈的想象中不断被神化、被升级，以至于形成了一个后人完全无法企及的巅峰。事实上，黄帝可能是原始氏族社会时期生活在黄河流域的一大部落联盟，也可能是这一部落联盟在其兴盛时期的某个著名首领。早期流传的关于他的传说带有极浓的神话色彩，他的早期名声是一位无所不通的天神。到了先秦，史书《国语》《左传》提及黄帝时，他的名声已转化为有生有死、有祖先、有后裔、有姓氏、有来历、有业绩的人王。从天神的神通广大到人王的雷厉风行，黄帝的名声在想象中插上了翅膀，流传得更加广泛。总之，由于黄帝统一华夏、治国有方的业绩，他后来被各姓氏的人都认作始祖，成为中华民族的共同祖先，也成为中华民族团结统一的强大精神支柱。由此可见，人的名声从建构到传播，一直处于动态变化中。人们的想象在名声的代代相传中发挥了极大的作用。

既然肯定名声的想象性，那么也必须承认——名声由于人们的想象会趋向夸张。看景不如听景、某人名不副实，归根结底是由于这个缘故。学生时代为之向往的《岳阳楼记》《小石潭记》《赤壁赋》《醉翁亭记》，待到真正莅临实景，又有几人能感觉到它们是奇山异水美不胜收？“不尽温柔汤泉水，千古风流华清宫”。距古都西安30公里的华清池，因唐玄宗和杨贵妃的传说而名声远播，尤其是诗人白居易的名作《长恨歌》更是将华清池的美描绘得如同仙境。鲁迅先生曾经打算写一部关于杨贵妃的长篇小说，但当他亲临实地时，心目中的美好景象顿时消失，对杨贵妃的兴趣大减，进而打消了写作的念头。文豪尚且如此，普通人更甚。有网友点评华清池：“华清池没有我想象中的美丽，不过是一个泡澡的地方，它在后世名声大噪的原因不过是因为洗澡的人身份不一样罢了。”

名声传播与文学有着密切的联系。从学科门类角度理解，文学包括中国语言文学、外国语言文学及新闻传播学，具有全人类性和社会性。名声传播扎根于人类社会，不论古今中外，它都客观存在。从文化角度看，文学是语言文字的艺术，是社会文化的一种重要表现形式，是对美的体现。文学在很大程度上传播了名声，拓宽了名声的地域传播度，延伸了名声的时间存留度。

另外，在文学中有一个分支与名声传播更加相关，那就是传记文学。传记文学以历史上或现实生活中的人物为描写对象，具有较强的文学性。当代以来，传记文学以名人传记占绝对多数，但也有非名人传记。传记文学写人，极大地拓宽了名人或者非名人的名声。实际上，传记文学是可以在真人真事的基础上进行合理想象、夸张乃至虚构的。这也从一个侧面印证了名声的想象性。

## 六、情感性

情感是身体理解的情绪表达，也是意识的基础；情感性是所有审美对象构成美的核心条件。如何理解名声的情感性，英国著名浪漫主义诗人雪莱的名言最能说明问题——名声是被掩饰着的爱。古罗马时代著名斯多亚学派哲学家塞内加也认为：名声是好人对好人的褒扬。在这里，两位文人均把名声默认为好名声。

名声传播离不开情感。苏珊·朗格说："人对周围世界做出反应的方式主要是由这种精神活动和感受决定的。纯粹的知觉——时而痛苦、时而快乐——往往没有连贯性，而且常常要以一种最基本的方式变换机体对其他苦乐的感受。"[①] 在这里，苏珊·朗格谈到了人类活动情感性的普遍状况。但是情感从来不是一个莫名出现的产物，它是在互动中人们主动选择和创造的结果。情感的本质特性是社会性和互动性。名声传播同样具有这两种特质。名声传播的传播者在传播任何一种名声时都带着某种情感。

还是以黄帝的名声为例。他的早期名声是一位无所不通的天神。后来人们发现天神的性质并不能完全约束大家去敬祭它。人们更关注的是自己这一族人究竟与这位超氏族神有无亲缘关系。一旦有了亲缘关系，那么人们与至高无上的超氏族神也就有了强烈的亲近情感，便会更加自愿与虔诚地去进行祭祀。所以黄帝后来被各姓氏的人都认作始祖，成为中华民族的共同始祖。

---

① 杨生博，王刚：《艺术美学概论》，西安：陕西人民美术出版社，2012 年，第 194 页。

直至今日，中国人自称起“炎黄子孙”这个名声来还都充满了骄傲的情感。中国人也乐意向世界宣传自己是炎黄子孙这一名声。

情感是铸造社会关系，建立和保持社会结构与文化承诺的重要力量。按照马斯洛的需求层次论，在人的基本的物质需求被满足后，人们渴望更多的精神情感需求，尤其是自尊需要。这种需要包括对于名誉或威信（来自他人对自己尊敬或尊重）的欲望。而对于地位、声望、荣誉、重要性、高贵或赞赏等欲望的满足，将“导致一种自信的感情，使人觉得自己在这个世界上有价值、有力量、有能力、有位置、有用处和必不可少”。[①] 除了传播者自身对自己名声的需求与追逐，名声传播的情感性还体现在传播者对他人名声进行传播时所附带的情感。

情感可分为喜悦、快乐、狂欢、热爱、骄傲等正性情感，悲哀、痛苦、愤怒、憎恨、绝望等负性情感；振奋、紧张、热忱、勇敢等积极情感，消沉、松懈、颓丧、灰心等消极情感。传播者倾向于带着喜悦、热爱、骄傲等正性情感去传播好名声，带着愤怒、憎恨等负性情感去传播坏名声。为什么会出现这种情况呢？简单来说，是因为情感需要激发、需要互动、需要共享。

---

① ［美］马斯洛：《动机与人格》，许金声、程朝翔译，北京：华夏出版社，1987 年，第 53 页。

# 第三节

# 名声传播的功能①

功能学派是20世纪20年代产生的关于文化研究的一个重要学派。布罗尼斯拉夫·马林诺夫斯基和拉德克利夫·布朗是该学派的创始人。传播学派认为文化是传播的，而功能学派认为文化是功能的。该学派最主要的思想是：必须把任何一个民族的文化作为一个完整的体系、作为一个由各个部分相互联系而组成的整体来加以考察，其中每个部分对于整体都发挥着一定的作用，完成自己特有的功能。②拉德克利夫·布朗主张通过研究各种社会形态中的相似和差异，来对于社会现象的性质作出真实的分析和科学的抽象。他强调用归纳、类比的自然科学的方法来进行研究。功能学派对名声传播的启示是应该把名声传播放在社会制度的大背景下考察，才能清楚说明其意义。

那么，名声传播在人类社会发挥了哪些有利作用，具有怎样的功能呢？19世纪初期的英国散文作家威廉·赫兹里特（William Hazlitt，1778—1830）

---

① 魏婷：《名声传播的内涵和外延》，《青年记者》，2016年1月，第23-24页。

② 陈建宪、孙正国、张静：《文化学教程：第2版》，武汉：华中师范大学出版社，2011年，第278页。

认为：名声不仅是死者而且是生者的遗产。我们自豪地回顾古人伟大的名字，畅饮那光荣之河的流水，重振我们的双翼，飞向未来。[①] 在这里威廉谈到了名声对于未来的指引性，也就是对于那些经过历史考验的具有积极意义和正能量的名声来说，它们能激励后人在历史的长河中走得更远。实际上，把名声放到文化、经济和社会层面进行考量，能够更清楚地了解其功能。

## 一、文化功能

名声传播的文化功能是指名声传播能够记录人类的人性、德性、品性，传承文化。人性，既可以理解为人类天然具备的基本精神属性，也可以理解为在一定的社会制度和历史条件下形成的人的品性，但不管是与生俱来还是后天塑造，可以肯定的是：人类社会的一切现象，都是基本人性的映射，名声也不例外。德性与品性在传统文化中近乎同义词，从文化理想的角度来看，德性与品性是人性的最高标准，二者是文化教化的产物。

人性一直是各国哲学家、社会学家、心理学家们研究和争论的重要问题之一。中国自古就有“性善论”“性恶论”之争，西方也有“美德即知识”的论断和“原罪说”的理论，这些人性的基本问题（人性善恶）正好与人类名声的好坏呈现不谋而合的一致性。比如，孟子从“恻隐之心”“羞恶之心”“辞让之心”“是非之心”四个方面提出了人性本善的观念，而具有这四心的人往往在历史上留下了非常好的名声。

中国唐代医学家孙思邈一生淡于名利，立志做一名济世活人的医者，几任皇帝给他高官厚禄，都被他一一谢绝。孙思邈在其所著的《大医精诚》中写道：“凡大医治病，必当安神定志，无欲无求，先发大慈恻隐之心……”孙思邈的“恻隐之心”和精湛医技为他赢得了“药王”的好名声。

当然，人性是有双面性的，比如“利己和占有欲”就是人与生俱来的本性。

---

① 王正平：《世界人生名言大辞典》，北京：华夏出版社，1993 年，第 102 页。

智商发育正常的孩子总是本能地紧紧抓住自己喜爱的东西，因而“孔融让梨”所展现出的谦让不是真实的人性，而是后天的教化。欲利被儒家视作“恶”，实际上不一定正确，因为最关键的是用什么手段达到欲利这一目的。如果为利己而损人则是恶。实际上，人类的历史可以看作是一部各色人等的名声传播史，其中名声有好有坏，却十分真实地记录了当时社会环境中的真实人性。德性、品性的存在意义就在于，可以通过善良品性的建立，约束性情中的不良方面。

马克思对人性有着独到的理解，他主张从抽象的人转向现实的、活生生的人，认为对抽象的人的崇拜必须由现实的人及其历史发展的科学来代替。他认为人的本质是人的个性和共性的统一、物质性和精神性的统一。他肯定崇高理想的社会价值，但反对空想和欺骗。人性是一种文化概念，名声也由此打上了文化的烙印。

例如，中国历史上出现过很多投靠异族、为敌前驱、残酷屠杀同胞的人，他们在名声榜上遗臭万年，但是人们却愿意通过各种口诛笔伐来宣扬他们的耻辱。为什么？这源于中国传统的耻感文化。这种文化强调礼、义、廉、耻，力倡知耻而勇、知耻则有所不为，可以用以影响和制约人们的行为。在当前这种社会思想观念日益多元多变，个别人身上出现耻感淡化、道德失范的情况下，深刻认识和弘扬中国传统耻感文化的积极因素，能够极大地推动中华民族精神家园的重建。

名声传播起到了“平衡机制”的作用，通过飞短流长、讽刺挖苦或者排挤来遏抑群体中可能出现的个人利益最大化偏向，以达到使群体成员相对平等的效果。另外，那些好名声或者坏名声不但能够帮助人们学习一些文化习俗，还能够提示大家对社会规范进行关注，一旦有人“出格”，就会被“坏名声”惩罚。因此，人类通过对好名声的弘扬、坏名声的鞭挞，实际上达到了承袭先进文化、批判糟粕的重要作用。

## 二、经济功能

名声传播的经济功能是指名声传播具有商业价值，能够产生经济效益。自古以来，名与利就是一朵双生花，一株二艳，紧紧相连。人类社会本来就是一个名利场，真正不为名利所驱使、不为名利所束缚的人极其稀少。

道家杨朱学派的创始人杨朱在谈论人对名声的追逐时就犀利地指出：普通人追求名声的首要目的在于致富，接着在于显贵的地位。但这些仍然不能让人满足，人们还要继续追求名声，以谋求死后的荣耀。人死还要追逐名声的目的在于为子孙谋福利。这是春秋战国时期古人对名声及利益真实的观察，可谓鞭辟入里。但是杨朱的义利观与儒墨相比显得很另类，遭到卫道之庄周，宗儒之孟轲的大力排斥与攻击，自汉武帝确立儒家一家独尊的地位以来，儒家知足安分、重义轻利的义利观逐渐发展为中国古代主流的道德规范。不可否认的是，名声的确能带来利益，洛阳纸贵就是一个明显的例子。

在商品经济不甚发达的封建社会尚且如此，那么在商品经济时代，名声更可以“名正言顺”地带来巨大的利润。名声是一个人的无形资产，能通过各种方式转化为有形的利益，最直接的利益是能带来金钱。

例如，名人题字会收到“润笔费”；名人露一下面，会收到“出场费”；大牌明星拍一个几分钟的广告，就能得到数百万的广告费。名声还能给人带来跟金钱同样重要的东西，比如享受各种优厚和特殊待遇、发展机会等。著名影星能获得更多电影片约，因为明星效应将驱使更多人观看电影，而更多电影意味着明星将获得更大的名声。

好名声也是一个公司的无形资产。一个成功的公司懂得怎样将自己的好名声闻名于天下。比如，阿迪达斯公司懂得利用著名运动员来扩散自己产品的好名声。1936 年奥运会上，赛前极有夺冠希望的美国短跑名将欧文斯穿上阿迪达斯公司赞助的特制钉鞋连夺四枚金牌，让处在创业初期的阿迪达斯声名鹊起。阿迪达斯赢得了“能够帮助运动员成功夺冠”的好名声。反之，坏名声则是一个公司的负资产，有百害而无一利。

在新媒体时代，名声就意味着点击率、关注度。拥有足够关注度，就能产生收入。比如一个著名的节目主持人在节目中推荐一本书，那这本书就能增加一部分销量。在微博、微信等社交媒体上，很多名人都拥有成百上千万粉丝，他们只需要利用名声的杠杆效应来做品牌推广就能够获取一部分的销售所得。而各品牌也很愿意通过让名人为自己背书的方式来赢得更多的关注。甚至在“注意力经济”盛行的今天，坏名声同样能带来利润，只是需要转换一下营销的手段和方式。

注意力，是指衡量人们对某主体关注程度的高低以及关注时间长短的尺度。注意力经济是新媒体时代涌现出的一种特殊的经济模式，主要指营销者通过多种方式最大范围地吸引消费者的注意力，通过对潜在消费者群体的培育来获取最大的商业利益。注意力经济不但着重现在，更指向未来。一系列营销事实证明：占有注意力资源对高额经济利益的获取有很大帮助。因此各类名人之所以比普通人更具有商业价值的原因就在于他们的名声所能吸引到的注意力更多。

坏名声某种程度上能吸引大众注意力。如某些网站和媒体利用“蛇精男”“郭美美”等集媚俗、恶俗于一身的具有坏名声的网络红人做文章，以大肆吸引大众参与讨论，极大提升网站关注度。他们给这些在生活中被人们的普世价值观所唾弃的人物以及他们的言行提供展示的空间和平台，然后给看客心理上提供了一个吐槽的靶子，网络红人名声越差、心理越扭曲越引大众注意，结果变成了坏名声与注意力经济运营模式一拍即合、局面双赢的真实写照，但这并不意味着人性审丑欲望的释放。

## 三、社会功能

名声传播的社会功能是指名声传播能够为人类快速认识世界、选择信息提供及时参照。大千世界纷繁复杂，包含无奇不有的动物，种类繁多的植物，形形色色的人类，风格迥异的国家……人作为一种认识能力有限的生物在有限的时间里不可能彻底全面地了解自己所处的世界中的每一个分类，那么最便捷的方法就是认识世界每一个分类中最具有响亮名声的那几个。比如，历史上在文史哲理等学科做出过重大贡献的一百人，21世纪名声最好的国家，中国最美的高山、湖泊等。尤其是在信息爆炸时代，利用各种名声能够迅速找到世界上每一个分类项中最有代表性的项目信息。

马斯洛需求层次理论把人的需求分成生理需求、安全需求、爱和归属感、尊重和自我实现五类。人类需要对世界进行认知主要源于第二层级的安全需求——人类对自己不了解的人或事物通常会产生怀疑和恐惧的心理，只有清楚认识和了解自己所处的环境，人类才会感觉到安全。名声则为人类快速认识世界提供了一条便捷之路，因为那些流传的名声无疑是在某一个类别中最具有代表性的，否则其名声也不可能广泛传播。

在新媒体时代，人类的注意力被多屏所垄断，信息需求越来越大。信息需求是指“人们在从事各种社会活动的过程中，为解决不同的问题所产生的对信息的需求，它是信息用户对信息内容、信息载体、信息服务的一种期待状态，是激励人们积极开展信息活动的源泉和动力。”[①] 人类的信息需求具有主观性和认识性，不断发展变化并受时空的限制，处于一种运动状态。名声则能够为运动的信息需求提供一种参照。因为名声也是在不断变化发展中，甚至在好坏之间互相转换。

用名声来认识世界、选择信息最大的优势就在于快捷，节省时间，这在生活节奏越来越快的时代，无疑是有价值的。但是仅仅凭借名声来认识世界也是有着极大弊端的，它会导致人类对世界的认识只具备广度，但欠缺深度。

名声传播的社会功能还能够满足人对爱和归属感、尊重以及自我实现的需要。比如，粉丝加入某粉丝群去为自己所支持的主体的名声摇旗呐喊，那么该粉丝就能感觉到爱和归属感；某人为了自己在亲朋好友等人际圈子中赢得好名声而洁身自好、自尊自爱自强，那么他就能获得尊重感；某人为了达

① 郑瑜、魏毅：《信息检索教程》，北京：人民邮电出版社，2012年，第44页。

到自己的某种理想而积极努力奋斗，并且做出一番大的成就使自己的名声突破初级群体、次级群体的范围，达到更为广阔的群体范围，那么他就能获得自我实现的价值感。因此，名声传播能够满足人们的四种需求，并且这些需求与马斯洛的理论具有相对应的一致性。

第四章

# 名声的产生和类型

# 第一节 名声的产生

名声就像是人类每天呼吸的空气，喝到的水，很平常又无所不在。但是人类往往对自己身边越是司空见惯的东西越是不甚了解。那么名声是如何产生的？为什么同样是高山，黄山与泰山的名声如雷贯耳，其他高山籍籍无名？为什么社会上很多热爱金钱的人，只有郭美美和马诺等人背上了“拜金、炫富”的坏名声？为什么以浪漫的郁金香著称的荷兰曾经背负了“生硬、直接、粗鲁”的名声？这一切都是怎样发生的，需要加以细致研究。

## 一、名声产生的必然性与偶然性

19 世纪美国最伟大的浪漫主义诗人亨利·沃兹沃斯·朗费罗 (Henry Wadsworth Longfellow，1807—1882) 在他的《海帕里昂》里说：“名声只是在应该得到它的时候才来到你身边，如同命运，它的到来是不以人的意志为转移的，因为名声本身就是命运。”[①] 将命运二字拆开，可以发现命为定数，

① 王正平：《世界人生名言大辞典》，北京：华夏出版社，1993 年，第 104 页。

运为变数。名声本身就是命运，指的是名声是由定数与变数共同影响形成的。我们常说“是金子迟早会发光的”，就是强调了名声的定数——是金子，而非铜或其他物质，并且自身过硬确实饱含价值。这种情况被称为名声产生的必然性，即名声承载者本身是一种真实的独特存在。

比如，中国的共产主义战士雷锋，他最为人熟知的名声就是乐于助人。自毛泽东亲笔题词的“向雷锋同志学习”公开发表以来，他就被中国共产党作为一个先进的典型向广大党员和群众宣传，雷锋的好名声得以普遍传播。其实，在20世纪五六十年代，民风淳朴，人民的政治热情高涨，雷锋是很多忠于革命、忠于党的好同志中的一员，他得到好名声的必然性就在于他切切实实做了很多件帮助别人的好事，并且留下了大量记载“把有限的生命投入到无限的为人民服务之中去”“毫不利己，专门利人”“读毛主席的书，听毛主席的话，做毛主席的好战士”等日记。就树立先进典型来说，宣传雷锋这个人及其事迹都是很合适的。此外，名声产生的必然性还证明了实际上每一个人、物或者组织都必然地会拥有属于自己的名声，只是这些名声的类型、传播程度有差异罢了。

很多情况是，同样的条件下，有些人或物出名了，而另外一些人或物仍然是默默无闻。为什么会出现这种情况呢？英国诗人普·绪儒斯认为名声是走运的产物。走运意味着很难发生的好事竟然发生，侧重运气好。好运气这种东西确实存在，但是发生的概率低且无法被人预知，这就是响亮的名声产生的偶然性。

还是雷锋的例子，尽管在雷锋正式入伍后因乐于助人而表现突出，但团里对这位新战士的好人好事并未进行深入的挖掘。直到1960年八九月间，团政治处接到两封不同寻常的感谢信。这两封来信对团里的领导触动很大，他们马上决定派宣传人员对雷锋进行细致调查。经过多方努力，雷锋更多鲜为人知的先进事迹被披露出来。“人人都来学雷锋，做雷锋式的好战士”的学习热潮在全团兴起，很快蔓延至全国。设想一下，如果当时的团领导没有收到这两封信，也没有很高的政治觉悟，那么雷锋很可能还是一名籍籍无名的普通战士。他的名声在小范围内也可能会很好，但绝不可能如此响亮。

名声产生的偶然性还表现在，名声虽然依附在一定的承载者之后，但名声承载者自己根本无法完全左右名声的性质和发展走向。比如，雷锋身上还有很多值得人们学习的其他特质，例如勤俭节约、钉子精神、敬业爱岗、集体主义等，但是偏偏只有助人为乐成为他最大的名声。不是说其他的特质不如助人为乐有价值，只是“偶然地”雷锋助人为乐的事迹首先被人发现并且一传十、十传百，遍及全国了。这是雷锋本人都始料未及的。

## 二、名声的构成要素

### （一）特殊性

特殊性是构成名声的要素之一，指的是名声承载者与别的主体相比具有一定的特殊之处。从普遍意义上来说，任何物质都有同其他物质所持有的共性，也有其自身的特性，所以任何人、物或组织都有着专属于自己的特殊性，那么每个主体也当之无愧地拥有属于自己的名声。从这个角度说，名声是具有普遍性的，但是现代人较之以前，更加注重个体的独特性，大部分人信奉“我就是我，是颜色不一样的烟火”。

心理学上有一个莱斯托夫效应，指的是相对于普通事物，独特或特殊的事物更容易被人记住。名声传播是一种人际传播，而莱斯托夫效应在人际交往关系中体现得最为明显。因为，人的记忆分为无意记忆和有意记忆两种。在日常生活中，人们对于身边的许多事物的记忆都是无意识的——事先没有预定目的、没有经过特殊努力的识记。如此的记忆带着某种偶然性，所以在同一个交际场合认识的众多陌生人中，人们只会选择那些能引起人浓厚兴趣并能激发人的情感的人和事物。简单来说，就是差别能吸引注意力，也更容易被记住。比如，同样是中国商人，由于地域、文化的差异，各地的商人呈现不同的特点：广东商人敢为天下先，闽南商人坚信“爱拼才会赢”，安徽商人“为儒喜来为儒忧”，上海商人精打细算、很有平等意识。

既然特点是固有存在的，那么在名声传播中人们要做的就是归纳特点。归纳这种思维方式的推理方向是从个别到一般的过程，但是因为任何个别事实中都包含着某种一般性，所以归纳结果有一定的可靠依据；但是又因为任何个别都不能完全地包括在一般之中，所以归纳的结论是具有或然性的。这也就导致每个承载者的名声是存在理解上的差异性的。

在经济社会中，如果需要用名声来牟利，那么首先要做到的就是让这个名声更响亮，被更多人知晓，而要让名声变得更响亮就需要让这个“有特点”显得更加与众不同。就商品而言，如果两个产品的特点差不多，那么这个特点就不具有生命力了。比如，饮料的特点是解渴，仅仅强调这样的特点对消费者来说是没有多大吸引力的，所以需要提炼出它的卖点。所谓“卖点”，就是产品所具备的与众不同的特点，是消费者购买它的理由。而这个卖点可以是产品与生俱来的，也可以是通过营销策划人的想象力创造出来。从这一点可以看出来：所有的名声都是可以被策划的，任何承载者的名声都可以由“知者寥寥”变得“街知巷闻”。

### （二）传播者和圈子

首先要明确一点，名声是由他人赋予的，所以一个完全孤立的主体不与周围的人产生任何一点联系的话，名声是完全无法产生的。比如世界之大，肯定有人迹未至的地方，在这里有着独特的地貌、植物、动物等，但没有“人”这个信息传播者知晓它们，就无法对它们产生评价，名声也就皮之不存，毛将焉附。而且最早期、最原始的名声传播的形式是口碑传播，抓住了传播者——人这个要素就容易达到“一传十十传百”的效果。这里说的“口碑”指的是人与人之间的口语沟通。名声的口碑传播有两种功能：告知和影响。告知自己身边的人某主体的名声；影响自己身边的人接纳或者更正这一名声。

需要指出的是，名声的口碑传播是一种很高效的方式。因为人随着自己交往圈子的多样化，能使口碑像原子裂变一样传播，就像一个增殖反应堆，它可以自我繁殖，自给自足，不需要消耗能量。

圈子这个要素还与名声的归属性紧密联系在一起。社会上的每个人、物或组织都不是孤立存在的，它们需要与周围的世界产生联系，并形成一定的圈子。人有人际圈子、物有同类物的圈子，组织有同类组织的圈子。排除现代社会人为炒作名声的例外现象，名声从“知者寥寥”上升到“街知巷闻”是需要一个由圈子内口碑逐渐向外扩散到圈子外部的过程的。这个圈子可能是以地域来划分的，也可能是以专业来划分的。比如，对于某地的人、物或组织来说，他们的出名路径通常是先在本地拥有比较知名的名声，然后将名声逐渐扩散至全国变得更加知名，例如全国都知道“开封有个包青天”，北京王麻子菜刀名扬四海，青岛海尔集团蜚声全球。以专业来划分的圈子，名声产生的路径则是首先在专业圈内，比如，中国泼墨画家、书法家张大千声名鹊起于 1928 年的“秋英会”，“秋英会”是赵半跛和谢公展发起的上海文人雅集，这为张大千进入书画圈开辟了道路。之后，张大千的书画开始渐渐地为普通大众所接受和喜爱。

实际上，每一个圈子就像是一个有着相近的利益诉求和地位的部落，圈子里的成员通常有着极高的归属感和认同感。对名声传播来说，抓住了圈子里的一个人，就意味着抓住了一大群传播者。以商品的名声为例，假设圈子中的某一个消费者购买了某一件满足其消费心理的商品后，他就会在圈内传播、分享出去，带来更多的消费者。当然，如果这件商品并不符合其消费心理，那么他仍然可以在圈内传播该商品的坏名声。在传播商品好坏名声的背后，潜藏着消费者的各种动机。消费者参与商品好名声传播的动机包括四类：利他意愿、产品涉入、自我提升及帮助企业。消费者参与商品坏名声传播的动机包括四类：利他意愿、焦虑降低、报复及忠告搜寻。

### （三）传播

传播是名声的生命，没有传播就没有名声。传，一对一之间的事物传递。

播，由点至面、由一至众的大面积散布。[①] 名声最初诞生于一个人对某主体的认知及评价，并将这个评价传给另一个人。一旦针对该主体的评价数量增加了，并在社会的大范围内运动、散布开来，那么该主体的名声就会变大，因此传播在这个过程中显得很重要。在早期的人类社会中，名声就产生于人际交往中。自古以来人们在交往过程中相互传递、交换信息，进而产生相互吸引、认知与作用的社会关系网络。因为作为社会中的一分子，人人都有着与其他人进行信息交流的直接需要，也相互分享这种传播给自己带来的益处。名声的传播给人带来的益处直接体现在名声传播的功能之上。但是由于人际传播存在随意性，信息的标准化、准确化都难以保证，因此名声传播实际上是一种模糊传播，它传播的信息可能由于任何一个意外而导致失真，或者误读，这导致了名声的复杂性，但又从另外一个角度保证了名声一直被传播下去的生命力。名声的传播形式很多，口口相传、声音、文字记录皆可。

**1. 名声与传播的同一性**

名声与传播的同一性指的是名声与传播能够共同存在，从某些方面来说二者具有同样的性质，同时，二者相互连接、相互吸引、相互渗透。

首先，养在深闺人未识的名声与孤芳自赏的名声是没有生命力的，因为名声虽然属于自己，但又是被他人所赋予的。美国社会学家查尔斯·霍顿·库利提出了“镜中我”的概念，他也承认自我认知中的我与“镜中我”是有差异的，虽然“我”知道自己是怎么样的，但是名声偏偏更承认“镜中我”。所以对于非常爱惜自己名声的人类来说，要澄清其中的矛盾差异，就必须要依靠传播。这也就是为什么在现代，大众经常看到某受丑闻困扰的明星召开新闻发布会澄清自己、力保好名声的原因。只有传播出去的名声才是真正的名声。再大的成就、再高尚的人格，如果不为人知，那么这些优点就都转化不成改造世界的力量，也就体现不出其价值。

---

① 林刚：《新媒体概论：INTRODUCTION TO NEW MEDIA》，北京：中国传媒大学出版社，2014 年，第 18 页。

其次，从传播心理来看，不管是好名声还是坏名声都自带传播基因。对于好名声所有者来说，他们希望自己的好名声得以传播，因为好名声是人类共同的追求。这种追求的背后隐藏着人类种种的心理：欲与自然界、社会平起平坐的心理；克服自卑感、满足优越感；肯定自我价值，满足自尊心；满足权力欲；传播文化基因；转移个人的不幸或由苦难所引发的沮丧、愤怒情绪。当然，对于坏名声所有者来说，他们不希望别人传播自己的坏名声，只是他们又怎么堵得住“悠悠之口”呢，毕竟在名声传播的过程中还有一种典型现象——“好事不出门，坏事传千里”。

对于受众来说，人人都喜欢接受名声这种信息，不论名声性质的好坏与否。第一，名声这种信息具有易得性，接受它、理解它、再次传播它对一个普通的正常人来说都很容易，不需要任何专业知识也不存在任何技术难度；第二，由于名声具有记录人性的功能，不管名声的好坏，即使是坏名声对受众来说同样具有认识世界的作用；第三，传播名声是人际交往中有效的黏合剂，能迅速拉近交往双方的心理距离；第四，传播别人的名声，能够缓解自我的心理压力——或者找到优越感，或者幸灾乐祸增强自我认同，或者渴望由他人代替自己经历痛苦；第五，传播名声很大程度上源于人人都有一颗“八卦”的心。“八卦”源于灵长类动物开始互相梳理毛发时，他们一边捉虱子一边八卦，这种活动促进了语言的形成，还建立了稳定的社交网络。八卦还是人类进化适应性的一种表现：由于资源有限，原始人类必须合作抵抗外敌，同时还要与群体成员竞争，所以他们必须记住谁是可靠的拍档、谁是能力较强的伴侣等信息来使自己更容易存活下去。有需求就会有市场，对名声来说也是这样，受众需要名声这种信息，那么传播者肯定会不遗余力进行传播，因为传播者本身也是名声传播的热心受众。总之，传播是名声产生的不可或缺的重要因素。

**2. 传播对名声的价值**

首先，传播能使名声的传播广度增加。“一传十十传百”很形象地说明了这种传播效果。人一生能够认识多少人？有人从学前阶段到婚后阶段按最一般的情形统计，人一生认识的他人在2000左右。而按照20世纪60年代美国心理学家斯坦利·米尔格兰姆通过验证的“六度人脉”理论来看，一个人和地球上任何其他人联系起来只需要六层以内的熟人链。简言之就是一个人最多通过六个人就能够认识世界上的任何一个陌生人。这是名声在人际间的传播的威力——传播高效、广泛。而到了大众传播时代，迅速地、大量地复制信息能让在最大范围内传播名声变得更加易如反掌；新媒体时代，甚至能炮制出更多“匪夷所思”的名声来。

其次，大范围的传播使名声价值倍增。要明确一点，虽然每个主体都拥有属于自己的名声，但普通名声与名留青史的名声之间，价值差别是很大的。普通名声能够让人初步了解某主体，但是名留青史的名声则在历史中拥有更大的价值。泰山、黄山的名声比默默无名的山川保留了更多文化精华，释迦牟尼、孔子、拿破仑、华盛顿、马克思这些历史名声得到更多人的尊敬与重视。在经济社会，响亮的大名声能够带来金钱、权力和地位。

# 第二节

# 名声类型的多元维度

由于名声本身的复杂性、变化性，它在类型划分上具有多样性，站在不同的维度，采用不同的标准，利用不同的方法，名声划分的类型就会有所不同。

## 一、正面或者负面角度

所谓正面即是好的、积极的一面；负面则是坏的、消极的一面。按照评价的正面或者负面角度来划分，名声类型分为好名声和坏名声。名声是社会中流传的多种评价的集合，好名声则是这多种评价集合中的大部分评价指向好的、积极的，同时能够引发大众的好感；坏名声则是这多种评价集合中的大部分评价指向坏的、消极的，同时能够引发大众的反感。

评价，是对一件事或人物进行判断、分析后的结论，既有客观性也有主观性，既有理性也有感性。就名声而言，它实际上是评价者在某主体身上映射出的自己的价值观、感情观。其实不管好感也好，反感也罢，它们只能表示出对人或事物的初级印象，都属于比较浅层面的印象，这种印象会通过深入交流而可能转变为喜欢甚至爱、讨厌甚至恨，当然有也可能会被磨灭掉。所以一个主体的名声好坏并不是绝对的、一成不变的。

## 二、知名度范围

名声的知名度指的是某名声被哪些受众知晓、了解的程度，是评价名声大小的客观尺度，侧重于“量”的评价，即名声对哪些受众有影响且影响的广度和深度是多少。按照知名度范围的不同，名声可分为普遍性名声和专业名声。普遍性名声的知名度范围是社会中的普通大众。大众是社会的主体，他们呈现未组织化的群体状态；他们不但个体数量巨大，而且具有分散性、异质性。专业名声的知名度范围是社会中专门从事某种学业或职业的群体，专业群体的专业性很强。尤其是在知识爆炸、专业化分工日益深入的今天，专业内的知识越来越多，更提高了这些专业被他人了解的门槛。所以从受众人数和社会范围大小上来说，普遍性名声是大于专业名声的。但是从影响深度上来讲，普遍性名声对大众的影响不如专业名声对专业群体受众的影响深。

专业名声也是可以转化成普遍性名声的，这就需要有一些优秀的专家，同时做好专业知识通俗化的工作，使专业、晦涩、深奥的知识能容易为大众所认知，即使是浮光掠影的认知。

## 三、时间维度

按照名声在时间维度上的持续时长来划分，名声可以分为历史名声与新闻名声。历史名声存在于历史之中，是在时间维度上持续时间最长的名声。只要这段历史不被遗忘，那么历史名声将会一直存在，并被后代传播下去。新闻名声存在于新闻之中，由于新闻更新的速度极快，层出不穷的新闻能够产生更多新鲜的名声，但是一旦相关新闻不再被提及，这种名声马上就会失去生命力，并且消失得无影无踪。

人类的一切都会成为历史，但并不是每一个人都能够成为历史人物，每一件事都能够成为历史事件。只有历史人物、历史事件、历史遗迹具有历史名声。新闻名声则不同，只要是登上了新闻的版面，无论主体是谁，都能够获得相应的名声。新闻名声主要是靠当代人判断，而历史名声则需要后代来完成。今天的新闻有可能成为明天的历史，所以新闻名声是有可能转化为历史名声的一部分的。

## 四、国家关系

按照名声传播的范围与国家的关系，名声可分为世界性名声和国家性名声。国家性名声指的是名声为某个国家所有，并被这个国家中的人们所熟知。世界性名声则指某个名声虽然为某个国家所有，但它的传播范围跨越了国界，为整个世界所认识。因为世界大战，希特勒的名声就具有了某种世界性，臭名远扬。而罗斯福和丘吉尔则因为第二次世界大战成就了世界英雄的名声。一个国家越强大，越容易产生世界性名声。

按照名声传播的大众型受众的绝对数量多少，还可以分为大名声和小名声。从不同的维度来思考名声的类型划分能够更为细致地了解名声及其传播规律。

## 第三节

## 好名声与坏名声

在提到名声时，人们的第一反应就是对于其好坏的评判，这与传播学中著名的“二元价值观评判”理论有着密切的关系。二元价值观评判，是排斥了中间层次的极端评价，是人们看待事物很常见的倾向。它往往不是根据事物本身的多种可能，如中间性、过渡性情况，而是根据自我对事物的简化的两极判断。日常用语中比如“是非”“黑白”“美丑”等许多对立的成组概念反映了人的这种思维方式，并反过来强化了它。赛佛林等人认为，“这是因为，在描述一种情况时通常只有两个相反的词可用”。[①]

人们对好坏名声作出评判的好处是能使日常交流变得简化和方便，坏处是使人们思维简单化，忽视和扭曲事物真实的复杂情况，容易导致沟通及理解的障碍。

那么，为什么同样是美人，被称为四大妖姬的妺喜、妲己、褒姒、骊姬

① ［美］沃纳·赛佛林，小詹姆斯·坦卡德：《传播理论：起源、方法与应用：第四版》，郭镇之、孟颖、赵丽芳等译，北京：华夏出版社，2000年，第97页。

会比被称为四大美女的西施、王昭君、貂蝉、杨玉环名声显得差？究竟怎样来评判名声的好坏？好坏名声之间又有着怎样的关系？

## 一、好名声的评价标准

名声与美德和成就一样，是人最高层次的追求。对美德与名声的追求合二为一，便成了对美名的追求。对美名的渴求，是人类最高尚的追求之一。[①]美名就是好名声，那么具体来说，好名声要满足哪些标准呢？

**1. 评价正面**

正如前文所说，好的名声应该是评价的主流是好的、积极的。对人来说，好的名声表现在高尚的品德、美好的心灵、超常的智慧、过人的体魄、取得的成就等。对物来说，好的名声表现在美好的造型，与人类和周围环境的和谐关系。对组织来说，美好的名声表现在对人类产生的有利价值、好的影响。

**2. 名声承载者具有亲和力**

有亲和力这一标准主要针对人和组织。有亲和力的人和组织最能赢得受众的好感。狭义上来说，亲和力指的是人或组织在大众心理上所留下的亲近感，广义上则指的是他们对所在群体或者大众所能给予的影响力。亲和力产生的基础是认同与尊重，强调在平等待人的基础上进行相互利益的转换。具有亲和力的名声承载者与没有亲和力的主体相比更容易获得好名声。

**3. 比较持久**

比较持久指的是好名声应该经得起时间的考验。对物来说，一旦对它们的评价是正面的，那么它们的好名声基本就会代代相传下去比较持久。但是对人或组织来说，这种持久度就不容易维持了。叔本华说："一般说来，如若一个人的名声愈持久，则它来临得愈迟。大凡所有杰出的作品都需要时间来展开，它流芳于后世的名声恰如栎树，成长得十分缓慢；那些只能盛极一

---

① ［美］赖洪毅：《一鸣惊人：第二版》，北京：民主与建设出版社，2005 年，第 6 页。

时的名声，就像一年一枯荣的草木，来也匆匆，去也匆匆，而虚名则如昙花一现，转瞬即逝。”[①]在信息更新极快的现代，人想要出虚名是很容易的事情，但是想要长久保持知名度就没那么简单了，而真正的好名声都是比较持久的。

## 二、坏名声的独特现象——污名

得到坏名声有两种情况，一种情况就是名声承载者本身确实在某些方面存在瑕疵，并且这些瑕疵有悖社会公理，引起大众反感。另一种情况就是社会中一个独特的现象——污名。污名就是社会对某些个体或群体的贬低性、侮辱性的标签。被贴上标签的个体或群体会产生羞愧、耻辱乃至犯罪感，并进一步导致社会对其不公正的待遇。

随着中国社会转型期的到来，污名现象日益严重，从疾病污名、身份污名、性别污名、行业污名到种族污名、地域污名不一而足。污名现象确实有其弊端，突出表现在妨碍社会和谐。

但是不管上述哪种情况，人类传播坏名声在一定程度上是具备一些社会性功能的，比如它是人类在进化过程中发展出的一种认知适应能力，即通过排斥那些具有或可能具有某种不良特质的人来避免群居生活中的潜在威胁。同时，传播坏名声还能够提高自尊、加强控制和缓冲焦虑。

## 三、好名声与坏名声的转换

如前文所述，某个名声承载者的名声好坏并不是绝对的，一成不变的。对物来说，名声的好坏与它对特定人群的文化意义和对特定人群是否具有利用价值有着直接的关系。

---

① ［德］叔本华：《悲喜人生：叔本华论说文集》，范进等译，西安：陕西师范大学出版社，2002 年，第 53 页。

比如鲤鱼在中国的名声很好，它代表了勤劳和吉祥，所以一直被视为鱼中上品，黄淮一带还有“没有老鲤鱼不成席”的说法。“鲤鱼跳龙门”的神话故事也因为暗含逆流前进，奋发向上的精神而在民间广为流传。但是在美国鲤鱼的名声很差——鲤鱼被美国视为“最危险”的外来鱼种之一。20世纪70年代，美国为清洁水体引进亚洲鲤；10年后，亚洲鲤趁洪水大量繁殖却引发“破坏生态环境”的恐慌。而且美国人习惯吃加工简单并且吃起来方便的海鱼，嫌弃鲤鱼鱼肉有土腥气且多刺又不吃它，导致鲤鱼更加泛滥成灾。同样的鲤鱼，在中国和美国的名声天壤之别。

对人或者组织来说，好名声可以随着情势的变化而变坏，著名运动员刘翔的名声大起大落就是典型的例子。2004年雅典奥运会，刘翔赢得了110米栏的金牌，他一举成名。2006年，他跑出了12秒88的成绩打破世界纪录。2007年，他成为世锦赛冠军。刘翔的好名声越来越响亮——他变成“中国体育的标志”“中国人的骄傲和亚洲之光”。但是名声的好坏变化同样具有戏剧性，被给予极高期望的他因为2008年的北京奥运会和2012年的伦敦奥运会的两次因伤退赛，导致国人的唾骂，好名声一降千里。体育明星的名声传播规律有太多值得研究的地方，但是特别明显的一点是，由于体育界这个领域的特殊性，体育明星的名声通常与他在比赛中的输赢有着直接的关系。世界上没有只赢不输的运动员，却有着非常执着于输赢的热心观众，他们对待运动员输赢结果的宽容度高低极大地影响着体育明星的名声好坏。同样，人或者组织的坏名声也可以随着情势的变化而变好，比如网络红人“芙蓉姐姐”的名声逆袭。

总之，名声的好坏可以通过传播进行转换，这其中当然需要智慧和策略。

# 第四节

# 历史名声与新闻名声

在人类发展的早期阶段，名声就具备了历史基因，因此历史名声是研究名声传播不可回避的重要问题；而与此相对应的新闻名声，则由于人类信息传播的日常性、重要性而具有特定时期的时代性。二者对人类来说，实际上是一种对自己从历史纵向到横截面的全面认知。

历史名声意味着即使肉体躯壳已不存在，其精神却未消逝，可以永久长留于天地之间，与之相对的则是新闻名声。以图 4–1 为例，画一个时间坐标图，x 轴代表新闻名声传播，y 轴代表历史名声传播。历史名声是一种时间上的纵深传播，它传播得更持久；新闻名声是一种横向传播，它仅仅具有平面拓展性。这种平面拓展性表现在名声可以在当时的某一个时间段内向四面八方的空间扩展。

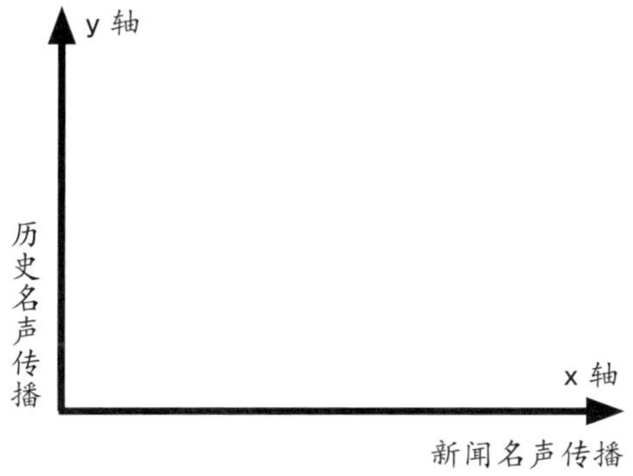


图 4-1 历史名声与新闻名声传播示意图

## 一、历史名声的持久性

历史和名声经常是紧密相连的，历史越悠久的事物，往往名声越大。历史越悠久的国家，往往产生的历史人物、历史遗迹就越多。历史的传颂在很大程度上要依靠名声这个接力棒，名声越大，往往传播得就越久远。以物来说，各种动物、植物、名胜古迹当之无愧地拥有自己的历史名声，那些具有观赏、文化或科学价值的山河、湖海、地貌、化石等自然景物和文物古迹，革命纪念地、历史遗址、园林等人文景物和它们所处的环境以及风土人情等都包含在内。历史名声由于年代的积累，更显得长久与厚重。

历史名声同样有好坏之分，具有历史坏名声的承载者会遗臭万年，具有历史好名声的承载者会流芳百世。流芳百世意味着不朽，怎样才能达到这个目标呢？我国春秋时期最优秀的外交家叔孙豹提出了著名的“三不朽”命题，他认为人通过“立德”“立功”“立言”便能达到。这“三立”分别代表了保持高尚的道德、为国民建功立业、提出有见地的言论。这三条途径说起来简明异常，但每一条都需要人付出无与伦比的智力、体力、耐力，经历无数的考验，非平常人力所能及，也因此具有宝贵的价值和历史的厚重感。

历史人物的名声向来复杂，它与历史评价休戚相关，但也不排除后人因人而异的美学评价。商纣王、秦始皇是两个著名的历史人物，名声历来有争议。对于秦始皇，誉之者赞他“千古一帝”，毁之者批他为“暴君之首”。商纣王在周朝的纪录中被描绘成了暴虐的恶魔，他杀人如麻、荒淫无度。但孔门弟子子贡却指出：“纣之不善，不如是之甚也！是以君子恶居下流，后世言恶则必稽焉。”杨伯峻先生对此翻译道：“商纣王的罪恶，并不像现在传说的那么厉害，所以君子最怕沾着恶名，一沾恶名，天下什么坏事都会集中于他身上。”[①]有趣的是，纣王在另外一些学者眼中却是极其能干、创造了历史功绩的伟人。不管是历史人物或是历史事件，正因为它们具有无比的历史厚重感，才会在名声方面体现出“仁者见仁智者见智”的争议性，而这种争议性在一定程度上也保持了其名声的生命力和长久性。

## 二、新闻名声的时效性

新闻名声的时效性意味着新鲜与多样，它源于新闻本身的时效性和丰富性，新闻的五要素原则要求每一则新闻都必须包含“谁”（who），这是名声的承载者；何时（when）、何地（where）、何事（what）、何因（why）则决定了名声的内容和性质。新闻产生了新闻名声，为名声传播提供了丰富的素材，但它不是名声传播的全部，只有名声素材中一部分具有话题性、亲和力的信息成功进入人际口碑传播之后，名声传播过程才算完整。

以 2015 年 8 月 29 日《人民日报》要闻版为例，当天的要闻有八条，它们分别是：《习近平会见美国总统国家安全事务助理赖斯》《内蒙古：亮文化名片，鼓旅游钱袋》《切实把握西藏发展的出发点和落脚点——三论学习习近平总书记在中央第六次西藏工作座谈会讲话精神》《全国政协十二届常委会第十二次会议闭幕》《国务院印发〈意见〉做强现代流通业，服务经济社会发展》《贝因美：创新硕果累累》《刘虹为中国赢世锦赛首金》《干部“轧

① 杨伯峻，吴树平：《论语今译：英汉对照》，济南：齐鲁书社，2009 年，第 224 页。

马路” 创不出文明》。这八条新闻分别产生了哪些主要名声呢?

1. 习近平总书记作为国家主席、国家军委主席在出席外事活动时保持了富有魅力、非常坦诚的风度。与赖斯交谈时思维缜密、果敢，面带笑容，让人感到很亲近，同时也体现了大国风度。这条新闻产生了领导人的名声。

2. 内蒙古发展旅游业具有得天独厚的条件——浓郁的民俗风情、悠久的历史古迹、壮美的自然风光。自治区制定的《创建自治区品牌旅游景区三年行动计划》，更是让文化渗入旅游产业的每个环节，让老旅游品牌焕发出新的生机。这条新闻产生了地域的名声。

3. 党中央时时刻刻关心西藏发展，并着力提升民生，为此制定了详细路线图具有战略高度。这条新闻产生了政治组织的名声。

4. 全国政协常委会履职正常并且认真负责，常委会组成人员就“积极培育和践行社会主义核心价值观”建言献策，发挥了积极的作用。这条新闻产生了政治组织的名声。

5. 国务院紧扣时代脉搏，抓住流通业这个新产业的内涵进行有的放矢地指导。李克强总理签批了《关于推进国内贸易流通现代化建设法治化营商环境的意见》，有利于促进结构优化和发展方式转变，更好地服务经济社会发展。这条新闻同样产生了政治组织的名声。

6. 贝因美集团加强创新、重视科研取得丰硕成果，他们专注品质、优化服务，在全球奶粉市场中打造出了立得住、叫得响的中国品牌，是中国的骄傲。这条新闻产生了企业组织的名声。

7. 竞走运动员刘虹一鸣惊人，她在世锦赛中赢得女子 20 公里竞走比赛第一名，获得当时比赛中的首金。这条新闻产生了运动员的专业名声。

8. 某些地方领导干部为出政绩屡出奇招，急功近利。这条新闻产生了干部的名声。

在这一版新闻中产生的八个主要的名声，从国家领导人到地域，从政治组织到经济组织，从运动员到地方干部，凸显了新闻名声的多样性。它契合了受众喜爱新鲜化、多样性的心理需求，同时也满足了人们的好奇心、求知欲。

## 三、新闻名声与历史名声的转换

在名声的世界里，失去了新闻名声和历史名声，那么一切都将变得暗淡无光。这两种名声是人类精神世界中宝贵的财富。它们之所以如此重要，源于新闻和历史这一对同胞兄弟。基本上所有的业界人士都认可新闻和历史的同一性，即今天的新闻就是明天的历史。二者共同的存在基础就是“真实”。但是，仅仅做到真实对新闻和历史来说是不够的。著名记者梁衡说：“历史只记录第一，你看一部科学史，都是第一个发现、发明了某事的人；一部社会发展史上都是一些打了第一枪或第一个发表宣言的人。一个记者如果采写到这一类的人和事，就正好是新闻和历史的重合，是当时的轰动和以后的永恒的重合，是易碎品向永久性物品的转化。”① 这样看来，不是所有的新闻名声都能变成历史名声，因为大部分新闻本身的生命力非常短暂。另外，新闻名声向历史名声的转化也只是转化成历史名声的一部分，因为新闻本身是具有时效性的，新闻名声只能代表在某个特定的时间段名声承载者在当时的特点。而历史名声是需要时间的长期累积才能得到的。

那么新闻名声怎样才能转变成历史名声的一部分呢？答案就是名声承载者变成历史的一部分，包括变成历史人物、历史事件、历史遗迹等。有关这个承载者的在各个时期的新闻名声都会成为其历史名声的有机组成部分。

同时，历史名声在特定的媒体环境中也能转变成新闻名声，即挖掘出历史的新闻价值。雷戈认为：“只要能揭示出新的意义，历史就是新的；只要能发现新的历史意义，历史就是新闻。”② 的确，新闻的本质并不在于时间上的新近，而在于意义上的新鲜。无论一个历史事件或者历史人物距离受众生活的年代多远，这些新鲜的意义都能有效地缩短甚至弥补时间上的距离和空

① 梁衡：《评委笔记》，北京：中国人民大学出版社，2009 年，第 80 页。

② 雷戈：《史学与新闻》，《文史哲》，2004 年第 6 期，第 7 页。

间上的差距。历史是远逝的记忆，许多真相并不为大多数人所熟知也不为新一代青年所了解，许多流传于民间的历史叙述也或多或少有些“以讹传讹”的成分，需要权威的声音予以澄清，而释疑解惑正是新闻媒体的基本职能。所以用新闻的方式解读历史是很受受众欢迎的。

历史事件的新闻价值挖掘有两种情况：

一是由于某种新条件，原本被疏忽的历史又被重新回忆或者最新发现出来。比如纪念长征胜利 70 周年报道，新华社推出了“长征胜利 · 旧闻新知”和“长征胜利 · 专家访谈”等系列报道，将红军长征史中的疑点、热点问题进行归纳、整合，采用提问与解答、叙述与点评结合的方式报道出来，让长征的名声在中国更加响亮，更让长征变成了中国精神的象征，具有极其重要的社会意义。

二是在某种新条件下揭示或者纠正原来被故意遮掩和篡改过的历史。比如关于曹操墓真伪的新闻报道，2009 年年底河南考古队宣布发现了“曹操墓”——西高穴大墓。考古学家刘庆柱认定这就是曹操墓，而以倪方六为代表的许多专家学者对此表示质疑，从而引发公众的广泛关注。新闻报道了“挺曹派”和“反曹派”的交火，这场争论最后演变成了一场诚信与地方利益纠葛博弈的公共事件。在这场新闻大战中，更多的受众关注到了曹操这个历史人物，并对他的名声进行了新时代的注解，其历史名声由此成功地转变成了新闻名声。

第五章

# 新媒体时代 名声传播的传播机制

名声传播的历史由来已久，从有人类开始，名声传播这一形式就已经存在，限于篇幅，本研究主要聚焦新媒体时代名声传播的机制。新媒体时代，新旧媒体共存，各种媒介呈现多功能一体化的趋势，在这一媒介环境下名声传播的传播机制究竟呈现怎样的状态呢？

# 第一节

# 名声传播的路径

名声传播的路径分析其实就是研究名声的生成演变过程。由于信息本身的特殊性，参与传播的主体的多样性，舆论环境的多变性，名声需要多次的层层传播才能最终形成相对稳定的状态。

## 一、一级传播、二级传播、多级传播

拉扎斯·菲尔德的二级传播理论指的是大众传播的信息需要经过意见领袖的中转才能流向一般受众，呈现出“大众传播→意见领袖→一般受众”的两级过程。此后在批判性总结的基础上，以罗杰斯 (E. M. Rogers) 为代表的学者认为应该将二级传播的概念扩展至多级传播。多级传播，又称 N 级传播，是一种关于受传行为的假说。其主要内容为任何人都可能通过不同的关系和方式介入信息的多级流程。因此，大众传播的效果在很大程度上是通过进一步的多级人际传播过程才得以实现的。[①] 在名声传播中也存在着多级传播。

① 邱沛篁：《新闻传播手册》，成都：四川大学出版社，2004 年，第 166 页。

名声传播的一级传播指的是名声传播的第一阶段，在这个阶段中名声传播的传播者与名声承载者是重合的，也就是说名声承载者是自己名声的第一传播者，一旦这个名声承载者与他人展开交往，名声传播便宣告开始。对名声承载者来说，只要与他人产生交集或者社会联系，他人便会在心里对该主体形成某种印象，这个他人便是该名声的第一受众。

名声传播的二级传播指的是名声传播的第二阶段，名声一级传播中的第一受众在与第三人进行的人际交往中谈及一级传播中的名声承载者时，一级传播中的第一受众便会变成该名声的第二传播者，第三人则变成了该名声的第二受众。

第三人再与第四人谈及某名声承载者……如此像接力棒似的传下去，便形成了名声的多级传播，如图 5-1 所示。这种名声的多级传播只是一种存在于人际传播中的简化状态，事实上，名声传播的路径比它更加复杂。

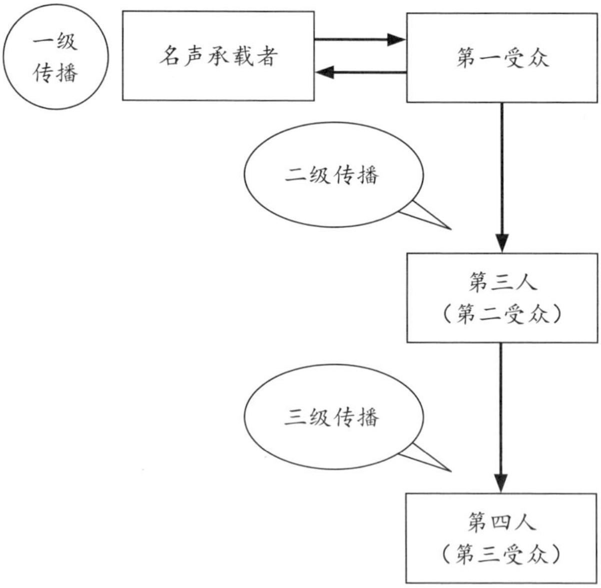


图 5-1 名声传播路线图

首先，在名声传播的二级传播里，按照传播形态发展的时间顺序可分为两种状态：

第一种状态是单纯的人际传播时期，这一时期的名声传播的传播路径就如图 5–1 所示。

第二种状态则是人际传播与大众传播、新媒体传播并存时期。在这一时期，当名声一级传播中的第一受众变成了二级传播中的传播者，他除了可以用与第三人进行人际交往的方式传播一级传播里的名声，还可以利用大众媒体、新媒体来进行。多种媒体的传播使个体性明确的第三人变成匿名化、异质化的第三人群。这些匿名化、异质化的第三人群中的个体又具有各自不同的信息选择性，名声传播的目的及效果也就因人而异了。第三人群中的个体有选择将名声传播的二级传播进行到三级传播阶段的自主性，也有终止传播行为的权利。

第三种状态是，在新媒体时代名声传播的多级传播也存在多种方式。名声信息可直接到达于受众——名声承载者可以借助新兴媒体技术直接同时与众多受众亲密接触，也可以经过某些中介环节——由他人转述的名声信息。在中介环节中存在着三种重要的传播形式：

第一，圈子传播。只要有两个或两个以上的人聚集就一定有圈子的存在。人们从陌生到熟悉的过程，就是把某人从圈子外拉进圈子里，甚至拉进核心的一个过程。有句话说得很形象："以前是林子大了什么样的鸟都有，现在是鸟大了什么样林子都有。"这说明圈子并不是完全孤立的，其间有交集甚至是子集的关系。圈子里的名声传播首先具有行业性或者专业性（专属性），所以圈内可信度高；其次，由于等级社会的影响，每个圈子里必然存在一些舆论领袖，他们在圈里的影响力较大。舆论领袖的名声传播行为显然比圈里的普通舆论人的传播效果更加令人信服。最后，圈子与圈子的交叉又进一步扩大了名声传播的范围。新媒体时代的微信朋友圈就是典型的例子。

第二，熟人传播。熟人传播是典型的人际传播，具有社会性和平等性，与陌生人比较，熟人传播具有更强的私人性、亲密性、互动性。熟人之间的名声传播也更凸显“关系”与“情感”，尤其是在新媒体时代，社交网络以现实社会关系为基础，模拟现实社会的人际关系网络可以提高名声传播的质量和效度。“熟人的熟人”容易达到深度交流与互动。

第三，名人传播。名人从某种程度上说也是具有号召力和影响力的“意见领袖”，他们的名声传播活动具有很强的导向性，容易为普通大众普遍认同；同时，名人的知名度在一定程度上还构成了名声承载者的附加值，能够满足部分大众（粉丝）爱屋及乌的心理需求。对于任何一种名声来说，受到名人的推荐就能够引起大众的高注意率。生于晋宋易代之际的陶渊明，其作品不被同时代诗人看好，但却在后代由于初唐三杰李白、杜甫、白居易的推崇，宋代苏轼的宣扬下获得了极大的好名声。

当然，这三种中介环节在实际生活中通常是互相交叉的。

不是所有的名声信息都能够进入多级传播阶段。能够进行多级传播的名声信息是具有一些特点的：

1. 强烈的独特性。比如，某个领域的“第一”“之最”等名声信息总是能够迅速抓住受众的注意力。

2. 自然的亲和性。自然的亲和性对好名声的传播非常重要。好名声传播过程中要警惕受众的逆反心理，一味追求绝对的正面评价，会让“好”失去真实和自然，效果反而适得其反。比如对英雄、模范人物的名声传播，就要特别注意这个问题。另外，对于领导人名声传播来说，自然的亲和性有助于让领导人走下神坛接地气，更容易得到普通百姓的认可。自然亲和力对名声传播来说是带有强烈的传播基因的。受众们以自身笃信的心态主动向他人传播该名声信息，其过程没有强制性的灌输，反而具有可信度，传播效果更好。

3. 一定的争议性。比如知名演员刘晓庆的名声，有人评价她敢作敢当、活得精彩，有人诋毁她经历复杂、整容装嫩，可谓毁誉参半。但是只要她出现，就会吸引不同心态受众的关注。受众会不断为她的名声传播注入新的话题与谈资，使她的名声越来越为人所熟知。

4. 评价的负面性。在现实生活中存在着这样一个现象——批评比表扬更令人印象深刻。俗语里“好事不出门，坏事传千里”也反映了这一问题。据《科学》杂志的一项研究显示：在其他方面都差不多的情况下，那些与负面评价相关的风言风语比中性或者正面的评价更令人关注。这是因为大脑对于负面信息的敏感度更高。这种察觉负面性评价的敏感在很大程度上可以帮助人们提前预防可能发生的伤害，同时在脑中进一步加强人们对负面评价信息的整合，而整合的结果就是对负面评价保持更长久的关注。在名声传播中，一定的负面性评价同样能够成功吸引受众的注意，甚至在新媒体传播时代，还出现了对某名声承载者“越骂越红”的现象。

对名声信息来说，上述四种特点不需要全部具备，只要具备其中一项或者几项就有可能进入多级传播。由于名声传播的本质是人际传播，所以其传播过程不受媒体时空因素的限制，具有一定的主观随意性。名声多级传播的复杂性就隐藏在名声传播种种变量的不确定性中。

## 二、名声传播中的变量

### （一）信息

名声是人类社会中流传的一种特殊信息。既然其本质是信息，那么它必然也具备信息的一切共性。信息的本性体现在“真”“善”“美”。也就是说信息的内涵要真，信息的意义指向为善，信息的载体要美。信息“真”是“善”和“美”的基础。真不但是所有具体事物的构成部分，还对其周边的事物产生正面意义、正价值。因此，尽管现实生活中名声十分复杂，但它本身也有着真实的客观要求。除了追求理想化的“真实”这个共性之外，名声作为一种特殊信息自然也具有其鲜明的个性。

在现实生活中名声并不一定是名声承载者的真实客观的反映。作为信息传播中的核心要素来说，名声与其他信息相比，更具有特殊性。对照一下信息的一般特性就不难看出，名声比其他信息可扩充、可压缩的空间更大。香农认为信息是用以消除随机不确定性的东西。和这个定义紧密相连的另一个概念是“熵”，传播学中用来表示一种情境的不确定性和无组织性。在名声这个系统中，信息熵的量相对较高。这主要是因为名声的承载者只能被动接受某个名声，自身难以主动选择。“信息”的性质在一定程度上建基于信息发送者的意向，却在很大程度上取决于接收者如何建构信息。[①] 而且名声受舆论的影响极大，舆论风向一旦发生改变，名声也会产生变化。舆论是公众意见，在当代社会大致可分为传统媒体舆论场、民间舆论场两种。在多数情况下，社会舆论是分散的，正确意见与错误意见混杂在一起。名声更是可以自由穿梭这两大舆论场，因为它的迈入门槛很低，任何正常人都能就某主体展开各种评论。并且这些评论没有硬性的制度性的约束，它是太过自由以至于难以把握其走向的一种特殊信息。

以演艺圈公众人物为例。喜剧演员王某 1992 年拜谐剧表演艺术家沈伐为师从而走上演艺道路，但一直默默无闻。2006 年，他参演当红电影《疯狂的石头》饰演“四眼秘书”，尽管表演出彩，但仍然籍籍无名。2015 年通过真人秀《极限挑战》终于被公众所熟知。节目刚播出时，甚至有网友因为王某的知名度太低而要求节目组把他换掉。但随着时间推移，在真人秀中表现突出的他被越来越多的观众所接受。第六期节目播出后，王某的微博粉丝数从参加节目前的 4 万多飙涨到了 90 万，他终于获得了公众人物梦寐以求的大名声。知名媒体纷纷报道他的励志故事，凤凰娱乐在《博客天下》中对王某的报道感动了很多读者。然而就在王某的知名度、美誉度不断上升时，却发生了一件意外——网友扒出了他的微博小号，牵引出他疑似婚内出轨的嫌疑。尽管事后王某发长微博致歉，网友对他仍是骂声一片。他辛苦建立的“好男人”名声毁于一旦，变成了抛弃糟糠之妻的“渣男”。

这个鲜活的事例证明舆论可以“创造”名声，它能在一夜之间让名声由微弱变得响亮，也能让名声由好变坏。

---

① ［美］迈克尔·H. 普罗瑟：《文化对话：跨文化传播导论》，何道宽译，北京大学出版社 2013 年，第 43 页。

另外，名声相较于其他信息来说，显得更具有概括性，更为简练。人们从报纸上阅读到关于某主体洋洋洒洒几千字的报道，从广播、电视上听到、看到的三十分钟关于某主体的节目，最后在心里形成关于它的名声信息时最多只需要百余个字。例如，中央电视台《感动中国》节目就是典型的关于人物的名声传播，它为每年度评出的十大人物撰写的简短颁奖词就是典型的名声信息。

### （二）传播者

作为创造和使用媒介技术来进行信息传播的主体，人是社会传播系统中最积极、最活跃的因素。名声传播者的传播活动不需要得到任何机构或者组织的允许就能自由进行。在新媒体时代，名声传播者既包括发送名声信息的组织、机构和个人，也包括接收名声信息的各类群体和个体，出现多元化的状态。新媒体改变了以往由传播机构发布信息、亿万受众被动接收的单一型定式，信息传播的传者和受者平行平等，不再分高低贵贱，不再等级森严，而且二者的位置随时可以互换。事实上，由于名声这一信息性质的特殊性，它早在没有进入新媒体时代之前，甚至从一开始就享有了这种特权——传者、受者身份的灵活互换。

多元化的名声传播者具有种种差异性：心理结构的千差万别，对名声的接受、理解、记忆和反应各不相同等。人的全部心理活动可以一分为二，归于智力因素或者非智力因素，二者在人们的实践活动中同生共长、相互作用、相互制约。名声传播者离不开智力活动，但在很大程度上也受到动机、信念、兴趣、情感、意志、气质、性格的影响。

此外，所有的人都是自己名声的第一传播者，也可能是他人（他物）名声的第二、第三或者第 N 传播者。传播者传播的这些名声，有可能来源于他和名声承载者的直接接触，也有可能来源于“听别人说”的间接形式。但这些并不表示名声传播者可以任意妄为到毫无秩序的程度。

那么，名声传播的控制性体现在哪里呢？名声传播者在名声信息传播过程中负责名声信息的搜集、整理、选择、处理、加工与传递，从理论上来说他们需要有“把关人”意识，要对传递的名声信息进行负责任地过滤与加工。名声传播者无论自觉或不自觉，都担负着一定的社会责任。这种社会责任表现在对名声的传播建立在尊重名声承载者的基础上尽可能做到“真实”，且不违背“公序良俗”。

名声传播的控制性一方面体现在传播者的自律，即传播者不依靠任何外物，仅凭借自己的主观想法约束自身的名声传播行为。名声传播的自律源于人的道德和良心。道德存在于特定的现实社会物质生活基础中，它决定了现实性的社会伦理关系，也规定了道德善恶的具体内容。良心同样也是一个重要的道德范畴。马克思主义认为，“良心是人们一种内在的有关正邪、善恶的理性判断和评价能力，是正当与善的知觉，义务与好恶的情感，控制与抉择的意志、持久的习惯和信念在个人意识中的综合统一。”[①] 名声传播者只有在进行传播行为时秉持道德和良心，才可能最大程度地接近“真实”。

名声传播的控制性另一方面体现在针对传播者的他律。狭义来说，他律指个体在执行道德标准、法律体系或其他社会规范时是非自愿的，需要被约束。从法律角度来看，国内及国际社会都针对恶意传播他人名声、毁坏他人名誉制定了相关法条，比如“诽谤罪”。从传播者角度来看，诽谤罪主观上必须是故意的，即传播者明知自己散布的是足以损害他人名誉的虚构事实，明知自己的行为会导致损害他人名誉的危害结果，并且希望这种结果的发生。但是，如果传播者将虚假事实误认为是真实事实加以扩散，或者把某种虚假事实进行扩散但本人并没有损害他人名誉的目的，不构成诽谤罪。也正是这一点，把社会上众多的名声传播行为从触犯法律的危险中解脱了出来。

对名声传播来说，除了法律和传播者自律本身外，产生他律效果的仍然是道德规范。人是所有社会关系的集合，每个人的一切行为势必受各种社会关系的限制：“众目睽睽”“众矢之的”都会给个体带来巨大的精神压力。

---

① 王泽应：《伦理学》，北京师范大学出版社，2012 年，第 190 页。

道德最早就是以他律形式发生作用的，但随着人类文明的进化，社会的外在要求成为理性并沉淀下来，之后逐渐被人接受成为自身的要求。因此，道德是自律与他律的统一。

### （三）受众

受众是传播行为的接受者，是信息传播的目的地，也是使传播过程能够存在的前提和条件。名声传播的潜在受众人数众多且数量没有上限，并且能够覆盖年龄、性别、种族、职业、文化水平、经济收入、居住地区，甚至是时代等不同领域，具有广泛性和多样性，是一个复杂的社会子系统。

受众接受名声信息的动机和目的有哪些呢？一般而言，受众使用媒介获取信息的动机有三个：

1. 获取信息，了解外部世界。
2. 娱乐消遣，满足精神、情感需要。
3. 获取知识。

名声传播受众利用大众媒介获取名声信息的动机也无外乎是这三种，但是它显得更加“感性”。这种感性基于一种叫作“八卦”的人类天性。根据前文叙述，爱八卦是人类进化适应性的表现。到了现代社会，八卦作为一种社交的手段或目的，是人们社交生活中的主要乐趣之一。美国密西根大学的布朗教授 (Stephanie Brown) 指出，朋友聚在一起“八卦”可以增加体内黄体素，它有助人们降低压力和焦虑，对身体健康有益。

从心理学上来讲，八卦的本质就是一种分享与打探，是人们对他人乃至世界真相的一种独特认识。人们所知道的隐秘信息越多，一方面内心越具有优越感，安全体验随之增多，另一方面还会产生某种释然感。这些不错的心理感受会刺激人们接着八卦下去。

当然，人与人之间的八卦程度是有区别的。根据郑兴东的研究，按照主导动机的不同，可以将受众划分为主智受众和主情受众两大类。主智受众获取信息、了解舆论是为了满足认识上的需要，他们通过了解客观外界的变化来确定自己的行为。主情受众获取信息是为了满足情感上的需要。[①]消遣娱乐是他们最感兴趣的，即使是面对软新闻中的严肃性问题，他们也不会去进行理性思考，而只是从中寻找富有刺激性、戏剧性、奇异性的要素从而获取瞬间的情感宣泄、即时的愉悦。主情受众的八卦程度明显高于主智受众。

根据受众获取名声信息的主观能动性大小不同，可以把名声传播的受众分为主动探寻型和被动接受型。

主动探寻型的受众指的是在接收名声信息时的态度是积极、主动索取的，比如他们会在人际交往时主动直接打听某主体的名声，或者利用多种媒介索取某主体的相关信息，并在自己的内心为其名声下一个定论。被动接受型的受众在接收名声信息时不具备主观意愿及主观能动性。这种类型在人际交往中也很常见。

但不管是主动探寻型受众还是被动接受型受众，他们接触到某种名声之后，内心总会产生一个价值判断，判断该名声是好是坏、有无价值、有什么价值、有多大价值。这种迅速的判断是基于名声信息本身的简练而产生的。好坏与否的判定则是由于人们非黑即白、非好即坏的二元对立的思维惯性造成的。这个价值判断能够决定受众是否要与该名声承载者产生交往或者交集，交往或者交集的性质怎样，是否要将该名声进一步传播出去等问题。

### （四）传播渠道

传播渠道是指名声传播过程中传播者与受众进行信息交流的通道。在名声传播的发展过程中，它的传播渠道也随着人类日新月异的传播技术发生了极大改变，根据传播形态的不同，可以把名声传播渠道分为人际传播渠道、组织传播渠道、大众传播渠道、新媒体传播渠道。

#### 1. 人际传播渠道

（1）与名声承载者的直接接触

人际传播渠道是人和名声承载者所进行的面面相对的接触或沟通渠道，

---

① 郑兴东：《受众心理与传媒引导》，北京：新华出版社，1999 年，第 6 页。

人需要利用人体器官媒介、空气媒介。这两种人际传播媒介的优势很明显，它能够任意进入其他各种传播渠道之中，同时还可以和其间的特定媒介配合起来运用，并且不会改变传播渠道的形态。

与名声承载者直接接触能够通过触摸、观察，利用语言以及表情、体态语等非语言来了解其外在、性质（品性）、理念（思想）。这种双向传播，反馈及时，互动频度高，具有自发性、自主性和非强制性，更有利于名声的建立、情感的沟通与融合。

（2）口口相传的史诗

口口相传的史诗这一渠道属于间接性的人际传播。当原始人类发展到一定阶段，积累了一定的生存技巧和生活经验，对自然界已经不再存在极端的恐惧心理，他们开始把大自然的山川河流以及本部落里具有发明创造才能或做出重要贡献的人物，加以夸大想象，把他们塑造成具有人性的神或者具有超常人力的英雄，并通过传说、史诗的形式代代相传下来，这种口口相传甚至跨越了族群和时间。中国古代的各类山川大河以及神农、黄帝、尧、舜、禹、后稷等人的名声无一不是如此流传至今。

（3）书信、打电话、发送电子邮件

书信、打电话、发送电子邮件也属于间接性的人际传播，它需要借助电话、电报、书信、便条、E-mail、QQ、MSN 等传播媒体远距离交流。这一间接传播大大拓展了人际传播的范围，从而有利于名声的远距离传播。

**2. 组织传播渠道**

（1）开会

有规律地定期开会，是组织内部成员之间进行名声传播的极好渠道。首先，由于组织都有一定的规章制度约束成员，成员习惯了按章行事，名声传播的频率有了保障；其次，由于开会时传播的信息大多是指令性、教导性和劝服性的，组织领导者的权威名声及与会者的工作名声都一览无余；最后，由于开会内容的严肃性，组织性，使得会议内容中的名声信息特别容易被传播，传播力度得到了保障。

（2）内部刊物发行

内部刊物是加强公司与员工之间的交流，提高员工的向心力和团队凝聚力的利器。在这个平台上，组织成员能全面了解公司的情况，也能加强公司的品牌宣传。由于组织成员的权利、地位、职能的不同，又形成一定的等级区别，因此，组织传播中又分为纵向传播和横向传播。纵向传播表现了组织成员间不平等的角色地位，内部刊物就是一种自上而下的信息流传播，它有利于提高工作效率，完善组织管理和推进决策民主化进程。内部刊物有利于塑造专业名声。

（3）组织内部小道消息

组织内的横向传播则要求参加者地位大致平等，比如员工之间相互交流经验、互传一些小道消息等。横向传播有使成员和睦、团队融合的良好作用。组织内部小道消息是组织内某主体专业名声的一个补充，它可以进行自下而上的名声传播。

**3. 大众传播渠道**

（1）普遍意义上的新闻

任何一则新闻都必须具备六大新闻要素：时间、地点、人或物、事件的起因、经过、结果。简单来说就是某人（物）某时在某地如何做了某事出现了某种结果。正是新闻这种简洁、凝练的风格——用最少的文字表达最充分的信息，使它不但可以很迅速地形成某主体的名声，而且与名声这种信息本身的概括性特征不谋而合。这对于每天接触大量信息的现代人快速筛选有用信息非常有利。

（2）以人物为主要对象的报道或相关节目

在我国，报刊、广播、电视、网络等新闻媒体都有人物报道，或者灵活多样的人物访谈节目。在纸媒里，比较突出的就是人物通信这种体裁，它的报道对象是形形色色的人，通过对人的描摹来反映时代特点、社会面貌。能够进入人物通信视野的大概有四种人物类型：第一，来自各种行业的英雄、模范；第二，名人；第三，不平凡的普通人；第四，反面人物。这一系列人物通信分别能够传播英雄名声、名人名声、普通人好名声、坏名声。

在广播电视领域，除了有先进典型人物报道这种比较严肃的形式，还有比较轻松的人物访谈节目，比如中央人民广播电台改版后的第一套频率“中国之声”新创节目《人物春秋》，中央电视台的《面对面》《艺术人生》，凤凰卫视的《鲁豫有约》《名人面对面》等。广播电视人物访谈节目本身具有人际传播特点，但这种信息一旦通过广播、电视传播，就又是大众传播渠道了。这类节目既具有新闻价值，又具有宣传价值和人文价值，访谈对象的思想、精神、情感都有了真实的反映，对访谈对象的名声传播具有至关重要的影响。

在网络领域，有主要针对演艺圈的搜狐《明星在线》，凤凰新媒体出品、凤凰宽频策划制作的大型网络访谈类节目《凤凰非常道》等。《明星在线》首开内地网络名人明星访谈节目先河。从1999年创建上线，访谈对象遍及演艺明星、娱乐圈名人、音乐人、电影导演等演艺业内精英，节目独特之处在于第一时间访问当事人，披露娱乐真相。它主要传播的是演艺名人的专业名声。《凤凰非常道》特邀著名撰稿人、评论家何东主持，以资深记者的广阔视角，与天下有识或者有事之士探讨大小话题。它主要传播的是当代人真实的复杂的普遍名声。

（3）人物传记文学及其影视作品

传记文学是兼具真实和艺术，再现真实人物经历和精神的一种文学体裁。关于传记文学与名声的关系，可以先考察一下传记文学产生的原因。第一种原因是基于人类保存其自身实录的强烈愿望。自身实录本质地包含人类自身的名声。第二种原因是基于满足纪念的天性，不管是写挽歌、刻碑文都是对人或物的一种留恋怀念的情绪，是人的一种天性。对于人的好名声来说，它同样是值得被纪念的。第三种原因则是英国崔瑞德的看法：传记形式的产生与氏族崇祀文化有关。[①] 由尊祖而引发传记，记录本氏族英雄的丰功伟绩，希

---

① ［英］崔瑞德：《中国的传记写作》，《史学史研究》，1985年第3期。

望氏族代代繁衍。

以上这三种原因都与人的本质、人的力量、人的精神休戚相关，而人的本质、人的力量、人的精神恰恰是形成人的名声的主要组成要素。此外，写作人物传记本身就有着公允评价的客观要求，而名声的概念本质也在于评价，因此二者是有着一致性的。并且依据人物传记而形成的名声无疑具有更高的可信度和更强的传播力。人是复杂的生物，历史人物更有其复杂性。在错综复杂的历史条件下，大量的历史人物功过互渗，斑瑜互见。人物传记的公允评价要求对历史人物要全面研究，具体分析，一分为二地看待人物的好与坏，功与过。这种尊重事实、尊重历史的做法无疑能够保障其名声信息的“真”。因此，人物传记文学是传播人类名声的好形式。

随着时代的发展，人类的阅读方式发生了极大改变，越来越多的人由原来的文字阅读方式改变为视听语言阅读。由人物传记改编而成的影视作品成为传播名声的重要渠道。在外国电影方面，有根据 20 世纪美国电影界和航空界的风云人物飞行家霍华德・休斯（Howard Hughes）的传记改编而成的《飞行家》，根据英国女王伊丽莎白二世的父亲乔治六世国王的传记改编的《国王的演讲》，根据当今美国黑人投资专家 Chris Gardner 的传记改编的《当幸福来敲门》，根据比利・比恩（Billy Beane）的传记《魔球——逆境中制胜的智慧》（Moneyball：The Art of Winning an Unfair Game）改编的《点球成金》，根据莫扎特传记改编而成的《莫扎特传》等。

在中国电影方面，涌现了众多的人物传记片，如《袁隆平》《邓稼先》《潘作良》《孟二冬》《钱学森》等，这些影片都突破了传统主流电影的思维模式和审美定势，找到了一种个性化的叙事角度、观众的共鸣点、市场的对接点，真正走向观众并获得了认同。

在中国电视剧方面，有根据历史人物传记《成吉思汗传》改编的电视连续剧《一代天骄》，根据陈赓将军传记改编的电视连续剧《陈赓大将》，根据刘伯承元帅传记改编的电视连续剧《刘伯承元帅》，还有根据周恩来从 1938 年年底到 1946 年 5 月在重庆南方局的传记改编的电视连续剧《周恩来在重庆》，根据传记改编的电视剧《历史转折中的邓小平》。

由人物传记文学改编的影视作品是一个从“旧”媒介到“新”媒介的过程，它的主要特征仍是力求达到史学和美学的统一。由人物传记文学改编的影视作品与名声传播也有着紧密的联系。它的选题来源可以分为三类。

第一类，导演被人物的魅力感动，产生了创作冲动和热情；这一选题来源体现了名人名声的珍贵与价值，它能够用自身的魅力促使导演对其进行多级传播，使其能被更多的人知晓。

第二类，被指派给导演的“命题作文”，题材主要是近代革命人物和当代英模；比如，电视剧《潘汉年》是响应中共中央《关于为潘汉年同志平反昭雪、恢复名誉的通知》号召，为传播中国共产党隐蔽战线高级领导者的真实名声有意而作的。这一选题来源体现了中国人对名声传播的重视，中国共产党对历史真实的尊重。

第三类，地方政府作为主导，意在为与当地名声有关联的名人立传；其中以历史文化人物、近现代革命人物居多，比如浙江电视台制作的《鲁迅》《华罗庚》等。这一选题来源体现了名声的传承性及名声传播在现代社会中所具备的独特文化、商业价值。

从文化生产的角度来看，人物传记影视作品不是以营利为首要目标而是重在传递情感和观点；从传播意图来看，它着重于剧作播出后的社会影响：观众是否能更清晰地认识传主，在心里能否对他形成一个比较正确的判断，并且有所触动和启发。“可以说，除帝王将相类人物传记剧之外，文化人物、革命人物和当代英模题材传记剧都在不同程度上肩负着意识形态传播、政治观点表达、价值观及道德观教化等功能。”① 而这多重的社会功能都建立在传主的名声为更多人知晓的基础之上才能成立。

---

① 周宪、胡疆锋、周计武：《文化研究：第 12 辑》，北京：社会科学文献出版社，2012 年，第 247 页。

（4）纪录片

纪录片是一种由影像建构的历史话语，它将大千世界纳入其中，大致可以分为“人文社会类”“自然环境类”。

人文社会纪录片，以普通人和当下的社会现实为记录对象，平视社会人生、关注现实世界，比如《舌尖上的中国》《寿司之神》等；自然环境类纪录片是以动植物为拍摄对象的纪录片形式，以故事化的手法讲述自然界中真实的故事，比如《微观世界》《森林之歌》《迁徙的鸟》等。总之，纪录片关注的中心是在人性宗旨的指引下，寻找自身的位置和价值，这与名声的“人学”功能不谋而合，如前文所述名声的首要功能就在于记录人性，传承文化。纪录片真实地反映人与自然的矛盾冲突或者和谐发展，观照着人的生存状态与自我发展，人与自然的关系，同时观照与思索着人类历史和精神文化。纪录片中的名声传播随着纪录片的影像建构在人类文化中占据了一席之地。

具体来说，多元共生一直是改革开放以来我国纪录片题材流变的态势：一是代表主流价值的重大革命和历史题材，反映重要事件、人物或主题，服务于国家意识形态，比如《毛泽东》《叶剑英》等；二是以平视目光把镜头对准社会和平民，刻画当代中国人群像的，比如《俺爹俺娘》《龙脊》等；三是具有个性化的艺术追求，体现人文关怀和批判精神的，比如《神鹿啊神鹿》《英与白》等；四是对准社会体制之外的边缘人群的边缘题材，比如《流浪北京》《我们的留学生活》等。这四种题材分别形成并传播了相应人物或主体的名声，具有历史文献价值。

**4. 新媒体渠道**

（1）名声承载者所拥有的自媒体

自媒体（We Media）这一概念是由谢因波曼与克里斯威理斯两位学者联合提出，由美国新闻学会媒体中心于 2003 年 7 月发布。他们认为：“We Media 是普通大众经由数字科技强化、与全球知识体系相连之后，一种开始理解普通大众如何提供与分享他们自身的事实、新闻的途径。”[①]那些具有私人化、自主化特征的自媒体传播者们以电子化的手段，向不特定的大多数或者特定的单个人传递丰富的信息。自媒体的传播平台包括博客、微博、微信、电子杂志、会员短信等。

自媒体的名声传播呈现裂变式的传播，由一人传给多人，再由多人传给多人，使信息更大、更快地进行着纵深传播。由于自媒体传播者具有普遍及泛化的特征，广义的自媒体的概念下可以细分出个人自媒体 (Personal Self Media)、企业自媒体 (Enterprise Self Media)、组织机构自媒体 (Organization Self Media) 等。如前文所述，名声承载者可以是人或物或组织，因此他们都能够在新媒体时代建立自己的自媒体为自己的名声传播服务。而名声承载者所拥有的自媒体无疑能提供对自己名声有利的更为详实、更为权威的信息，比如某明星的官网或者官方微博。以刘德华的官网“Andy World Club”为例，它分为最新资讯、华博、讨论区、视频区、关于华仔天地、华仔全方位、下载APP等七大版块。华仔全方位又从“音乐”“演唱会”“创作”“影视”“单曲”“广告”“奖项”“刘德华慈善基金”九个方面详细展示了刘德华的才华及善心，为他的全能好名声传播建立了坚强后盾。

（2）他人自媒体

他人自媒体这一概念是针对除名声承载者本身以外的由其他组织或者个人创办的自媒体而提出的。自媒体时代，人人可以在自己感兴趣或者擅长的领域进行充分的自我表达，是大家张扬个性、表达与传递自我理念的最佳载体。他人自媒体除了可以传播自身的名声，还可以自由地选取内容传播其他主体的名声。

2015 年 7 月 3 日，尔冬升即将上映一部新电影《我是路人甲》；6 月 8 日，梁朝伟将为《我是路人甲》所写的原创影评《听见流星的声音》上传自己的微博，引发网友疯狂转发，获赞“电影未映已在情怀上取得胜利”。不少影

① 范平安：《消防舆情危机处置》，郑州大学出版社，2014 年，第 212 页。

坛大明星也纷纷加入撰写影评的行列，结合自己的独家记忆，分享对电影的所知所感。6月29日上午9点，舒淇的相关文章也上传微博。她以真挚、热血的文风使文章成为热点话题。“舒淇助攻尔冬升”成为热门电影话题，并且助推“我是路人甲”极高的热度。这些他人自媒体为尔冬升的新电影传播了一种难得的好名声。

## （五）反馈

反馈是信息得以双向传播的基础，指从受众送回给传播者的意见信息。对教学活动来说，学生迷惑不解的表情、交上来的作业是一种反馈。对大众媒介来说，来自受众的信件、电话是一种反馈，受众对于广告的反应、节目的收听（视）率、刊物零售与订户的增减也是反馈。受众的反馈不但直接或间接地反映了其接收信息的动机，也展现了他们对传播者及其所传信息的态度，有的还提出了建设性的修正意见，所以在传播活动中具有积极作用。

在名声传播中，反馈指的是名声承载者接收到来自社会其他人对自己的名声的评价信息。人或者组织都是社会动物或产物，所作所为都要受到社会舆论的影响和评论，同时也在名声的反馈中认识自己的价值。名声承载者接收反馈的途径很多，遍及目前人类社会中的所有传播形态，因此名声传播的反馈机制较大众传播来说更为广泛和通畅，具有极高的易得性。

古希腊哲人认为人活着首先就是为了弄清楚“我是谁”。而名声信息无疑是最接近这个问题的答案了，因此任何承载者接收到名声的反馈之后都不可能无动于衷。名声承载者在接收到反馈后会立刻在心里进行迅速地自我传播，它是作为客体的外部环境信息刺激作为主体的个人的大脑而产生的心理和生理上的一种反应。

库利的“镜中人”理论认为，人际交往是人的自我观念形成的环境和要素，他人怎样看待“自己”的反应形成了人们对自己的看法。米德接受了库利的理论，他指出：与他人的互动的过程是自我发展的助推器。个体在许多其他个体的平均期望的基础上逐渐建立起一个“普遍化的他人”[①]，个人会根据他人期待的意义范围，站在自己的立场上用自己的行为方式进行能动地选择、加工、重组。因此内省式思考是极为重要的，没有这种思考，加工重组的环节都没有办法进行。但是，内省式思考并不是日常生活中的常态，只有当人们遇到困难、障碍，对既有的行为方式是否合适难以做出判断时，它才会活跃起来。而名声传播的反馈无疑是激发内省式思考的强大动力。

名声承载者在接收反馈进行自我传播之后通常会采取两种外化的行为：一是我行我素，保持目前的行为方式；二是立即进行调试，试图改变已有的自我名声。第一种行为基于两种情况：首先，反馈信息具有赞扬、鼓励和期望的性质，名声承载者对自己的名声很满意；其次，反馈信息具有批评、贬损、讽刺、嘲弄的性质，名声承载者产生逆反心理；逆反心理属于态度范畴，是指社会个体对外界引导在态度方面的非常规性质的逆向反应。

根据反馈改变自我名声的案例很多，尤其是政治人物。2008 年美国总统竞选，希拉里以英国前首相撒切尔夫人作为模本，在竞选中突出自己的从政经验和坚韧性格，却给人留下“精英、强势”的名声，导致竞选失败。2015 年，她卷土重来，但她已经改变了竞选风格，采取低调亲民路线——竞选宣传片中聚焦普通人生活，并在回忆录后记中畅谈初当外婆的欣喜心情，并“晒”了她给半岁大的外孙女夏洛特唱摇篮曲等充满人情味的细节。这一切改变的目的都在于重建一个新的名声（不强势，可以亲近），让她获得更多的选票。

① [美]约翰·费斯克：《关键概念：传播与文化研究辞典》，李彬译注，北京：新华出版社，2004 年，第 196 页。

# 第二节

# 名声传播的形态

从传播的形态和方式上来看，名声传播融合了多种传播形态，并在新媒体时代通过多媒体技术展现了多样化的传播形式。

## 一、人际传播

人际传播是建立在人内传播基础上的人与人之间所进行的一种传播活动。人际传播既是人的本能的需求，也是社会的需要。对于普通百姓而言，人际传播的意义和内容就在于维持和延续一种生活方式，而名声传播本身蕴含了人们对某种生活方式持肯定或者否定的生活态度。所以，可以肯定地说，名声传播是一种人际传播。而且在人际交往中传播名声信息，是一种凸显人情味、迅速拉近交往双方感情的举动，是增进彼此情感的黏合剂。

人具有社会性，人的生存需要与他人进行交往，在交往的过程中彼此传递和交换知识、情感，并由此产生相互吸引、相互作用的关系网络。其他的传播形式也能传播知识、意见、愿望、观念，唯独人际传播在传递传播双方情感方面具有无与伦比的优势。因为在进行人际传播时，人们对于感觉器官的调动是非常强烈和全面的，传播者可以随时修正传播的偏差，同时有效激发受众的反馈；交往双方还能综合运用丰富的传播符号——抽象的文字、生动语言，形象的肢体动作、个性化的表情、语气、语调。

通常在人际交往中传播的名声信息包括两种情况：一、彼此交换各自听到的来自他人对对方的名声评价。这种情况多发生在双方比较熟悉、关系比较亲密的朋友之间。二、彼此交换不在场的关于其他承载者的名声信息。这种情况大多发生在与普通朋友、同事（同学）的闲聊之间。在这种闲聊中，传播者与受众的地位平等，有利于调动交谈的积极性，增强彼此的信任度。

当然，按是否有中间媒介，人际传播的形式除了面对面传播，还有非面对面传播这种类型。非面对面传播是指传播者与受众之间使用文字媒介、电子媒介进行信息交流的一种传播形式。但是在名声传播史的最早期，文字还没发明，名声传播就只是面对面的口口相传形式，具有唯一性。

史前文明为中国打造了很多英雄名声，比如骁勇黄帝大战蚩尤、敬业大禹巧治水等。当时名声传播的口口相传通常是这样进行的：远古英雄和帝王的事迹产生之后，在宗教性活动、逢年过节、婚丧喜事、日常生活中有一些经历多、记忆好、富于口才的年长者活灵活现讲述自己所知道的相关故事。这些远古时期流传下来的名声有一个很大的特点就是有着极为鲜明的尚德精神，那些英雄和帝王们拥有大好美名的原因在于他们的功勋和为民献身的精神，以及肩负着的保民佑民的重要使命。随着社会的不断发展，名声传播的具体方式更加多样化，除了个人之间的交谈、三五成群的议论，氏族部落的集会还有田边地头的传闻、口口相传的民谣和行吟诗人的说唱。

过去流传下来的名声是依靠积累的，而今天的情况不同了，越来越多的人其出名越来越早，甚至年轻人的名声开始超越老年人的名声，很多人成为一夜成名的暴发户，名声问题上不再论资排辈。当社会发展到一定程度，人与人之间的地理距离越来越远时，名声就具有了工具的色彩，它影响到人类的交往——无论是一个国家对另一个国家，还是一个人对另一个人，名声都会在一定程度上缩短他们之间的心理距离。人际传播更多地体现了人类的传播本能，讲究传播的自然性、差异化和个性。

## 二、群体传播

群体是一定数量的个体基于某些因素和目的，以特定方式组合而成的社会系统。群体传播指群体内部、外部的信息传播活动。在这里，要把群体（group）和群集（crowd）做一个有效区分。群集是无组织、非持久的个体的聚合，具有匿名性、情绪性、暗示性和感染性特点，能够从事一定的集合行为。群集传播不包括在本研究中。

库利将群体分为初级群体（Primary Group）与次级群体（Secondary Group)，初级群体具有亲密的面对面交往和合作等特征，包括家庭、邻里等，次级群体是人们为了达到一定的社会目的而建立起来的，如学校、职业群体、社团等。[①] 次级群体标志着个人社会活动领域的拓展和活动能力的增强。无论是初级群体还是次级群体，名声传播都能在其中通畅进行。在初级群体中的交谈通常是一般性的，话题广泛，没有明确主题，但肯定会选择各种名声信息作为交流的内容之一。

次级群体有着特殊的传播机制和规律。首先，群体规范在群体传播中起着重要作用，群体规范是参加群体的成员必须遵守的一些共同的规则，它能够协调成员的活动，规定成员的角色和职责，从而保证群体目标的实现；其次，成员的群体归属意识越强，对群体的忠诚度就会越高，对与群体规范不相容的宣传也就越容易表现出较强的抵制态度。最后，群体压力和趋同心理也会产生一定的影响。多数意见会对个人意见或少数意见产生一定的压力，个人或少数意见极有可能会被迫服从、妥协。由于次级群体通常都有一些分工和一个务实的目标，所以就名声传播而言它比在初级群体中传播的力度和广度

---

① ［美］查尔斯·霍顿·库利：《社会组织》，北京：中国传媒大学出版社，2013 年，第 52 页。

要大很多。

在当前的新媒体环境中，有一个次级群体与名声传播关系尤为紧密，那就是粉丝群。

粉丝，是英语“fans”的谐音，“fan”早期是某事物的爱好者的意思，随着时代的发展，概念的主体不再仅仅局限于某事物，反而扩展至某人、某组织。在新媒体的社交平台中，粉丝也指博主、空间主的关注者、支持者。一言概之，粉丝是某人、某事物或某组织的支持者与喜爱者，粉丝群即是由这些人组成的群体。粉丝群早已超出了崇拜演艺圈、体育界偶像的范围，已经涉及社会的方方面面，比如在政治领域有“学习粉丝团”，在经济领域有工商银行搭建的新型社交金融服务平台“银行粉丝群”，在文化方面更是精彩纷呈，有弘扬传统扇文化的“扇艺粉丝群”、传播京味儿文化的“京味文化粉丝群”等。从理论上说，世间万物都有其喜爱者和支持者，这些人自愿聚集在一起就能形成不同类型的粉丝群体。那么粉丝群与名声传播的关系表现在哪里？

首先，粉丝群本身就是某名声承载者的好名声吸引过来的产物。名声传播的直接效应是吸引受众注意力，受众关注该承载者之后会在进一步了解它的基础上决定是否要喜爱或支持它。这种喜爱或支持在一定程度上表现出了受众对该名声的认同。粉丝对偶像的选择不是随便的，他们的选择受到了“关联原理”的影响，这表现在他们会在自己与偶像的“联系纽带”上寻找共性。这种共性可以使粉丝获得心理认同，对偶像的喜爱就如同对自己的喜爱。和“关联性”相反的则是“补偿性”，即某个粉丝缺少自己渴望的某个特质，那么他就会选择具有这种特质的偶像，从而在“偶像喜爱”中得到心理补偿。对“名声”的补偿就是一种最普遍的“补偿性”——把偶像的荣耀视作自己的荣耀。粉丝自己的欲求在自己所支持的偶像的行为方式上映射出来，捍卫偶像实质上是在捍卫他们自己。

其次，粉丝群是某承载者的好名声的捍卫者，粉丝群的一切活动都是围绕着进一步巩固某承载者的好名声而展开的。名声具有情感性，粉丝群对好名声进行的传播行为体现了他们对名声承载者的爱。粉丝群对自己所支持的偶像的爱不仅是个人自发的行为，而且会通过群体内部以及不同粉丝群体之间的互动得以加强。根据社会认同理论，当人们将自己界定为某些群体成员时，他们会将自己的社会成员身份纳入自我概念。个体需要维持积极的社会认同来维护自尊，所以他们会自动对自己所属的群体表现出高度的认同和向心力，这样就表现出粉丝群捍卫自己偶像的名声就像捍卫自己的名声一样重要的现象。于是，就会出现粉丝群体对破坏自己偶像名声的人或事产生强烈攻击性的极端案例。

最后，粉丝群捍卫某名声承载者的好名声时，的确也扩大了某承载者好名声的社会影响。无论哪种传播形态，传播效力的大小取决于内容优劣和平台的强弱。内容决定传播价值，平台决定影响范围。粉丝群的强大，表现在当今他们已经催生出了一种新的经济形态，即粉丝经济，也铸造了新的文化形态，即粉丝文化。为了传播某承载者的好名声，其粉丝群会组织公益活动，形成了一股新的自组织能力，从而成为推动中国市民社会形成的动力。

## 三、组织传播

生活中，人们常常与各种组织产生交集，组织的概念外延也十分广泛，既有政治性质的、经济性质的，也有军事性质和文化性质的。组织传播是组织为应付环境的不确定性而打造和交流信息的过程，包括组织内传播和组织外传播。

组织内传播分为横向传播和纵向传播，横向传播发生在组织内部人与人之间，纵向传播则是自上而下的，由管理者传给组织里的下层人员。组织越大，横向传播越少，纵向传播就越多，传播参与者发出的信息就越形式化。组织内部传播通常容易打造组织的专业名声。专业名声的知名度范围是社会中专门从事某种学业或职业的群体，专业群体的专业性很强。从影响深度上来讲，普遍性名声对大众的影响不如专业名声对专业群体受众的影响深，但是从受众人数和社会范围大小上来说，普遍性名声是大于专业名声的。要将专业名声转化成普遍性名声，就需要组织花大力气进行组织外传播。

针对公众的组织外部传播的形式主要有以下几种：以展览、开放参观、庆典、社会赞助等为主的公关专题活动；以形象广告、公益广告、征求广告等为形式的公关广告；整合宣传标语、口号、宣传画、宣传手册等资源的企业形象识别系统。

组织传播的主体是组织，传播活动具有明显的目的性和可控性。如果把个人的好名声看成一种个人品牌，个人有意识地去形成和维护自己的好名声是一种品牌建设，那么任何一个组织也都需要一个好名声。好名声能够赢得公众的关注，形成一种无形资产。因为组织外传播的对象是公众，他们与组织有着某种现实或潜在的利益。

好名声与品牌的关系表现在：一个企业会因为企业的人员、技术、产品质量、管理能力和企业文化等因素形成企业及产品的好名声，从而成为有价值的品牌。品牌建设的过程其实就是打造、维护企业以及相关产品的好名声的过程；由于真正的品牌具有稳定性和可期待性，由品牌所带来的好名声相对更加稳定和持久。名声的形成要素之一是有特点，这映射在品牌建设上就是进行明确的品牌定位。品牌定位，就是为自己的品牌在市场上树立一个明确的、有别于竞争对手的、符合他人的心理特点的形象，其目的通俗来说就是赢得他人的深刻印象，以形成好名声。企业品牌要想取得好名声，应该具有一些特点，看上去好像是市场上“唯一”的。[①]

组织名声与组织领导人名声关系密切，这点不难理解，因为名声具有传承性的特点。组织相较于群体，在结构上更加严密；由于组织都具有特定的目的和任务，因此在内部指挥和管理系统方面需要一个强势的领导核心。组织领导人名声与组织名声一荣俱荣，一损俱损。组织领导人名声是组织名声的一部分，利用组织领导人的名声传播来宣传组织能够起到事半功倍的效果。

---

① 余项虞：《每天学点经济学》，北京：中国华侨出版社，2013 年，第 100 页。

名声传播的本质是一种人际传播，一个复杂的组织对普通大众来讲要认识起来是有难度的，而如果将复杂的组织、抽象的组织理念具象成一个活生生的人来交往，其被大众认知的难度无疑就降低了很多。这一点对普通组织管用，对国家组织仍然奏效。在新媒体时代，用名声传播的理念传播国家名声显得尤为重要。

## 四、大众传播

大众传播是大众媒介组织利用报纸、杂志、书籍、广播、电视、电影等信息传播平台向社会上的大众公开地传递各种信息的过程。大众传播具有三种社会功能，其中两样功能都与名声传播息息相关：一、赋予人物、事件和社会活动以某种社会地位的功能。具体来说就是使社会事件和人物等正当化，树立威信，得到显著地位；也可使之威信扫地，败下阵来。[①] 在名声传播研究看来，这恰好就是在传播好名声、批判坏名声。二、社会控制功能。大众传播是连接上层社会和大众的中介，它通过广而告之能将公共道德、社会规范明确地传达给大众，不仅能够获得社会认可，还能监督腐败。在名声传播研究看来，名声的好坏本来就含有很重的德性色彩，强调道德准则，名声传播具有记录人类人性、德性、品性，传承先进文化的功能，因此二者具有共性。

造纸术与印刷术的发明，宣告了大众传播的真正开始。造纸让传播工具变得廉价且易于普及，印刷使得大规模迅速地复制信息成为可能。书籍让人类曾经流动的名声历史凝固下来。书籍的白纸黑字比名声的口头传播时代更容易产生信任感。在书籍产生之前，名声传播受到地域的限制，基本上是靠人际传播完成的，但是人际传播比较主观化、情绪化，不确定性因素较多，因此传播速度缓慢。书籍使名声可以批量生产，易于携带，使素昧平生的人可以见字如谋面，使外部的人可以分享内部人的名声。名声的传播速度加快

---

① 郭庆光：《传播学教程》，北京：中国人民大学出版社，1999 年，第 115 页。

了，传播范围扩大了，并首次实现了规模化。

另外，大众传播和人际传播相比，它的名声传播的质量也发生了变化。人际传播的到达率通常是按照梯级发布的，实际效果错落有致；大众传播则追求传播的一致性，几乎同时到达受众。

但是，在大众传播中，书籍传播可谓是门槛最高的，它需要参与传播的人首先得能认字和写字，有一定的思维理解能力。书籍的同时到达率并不高，但却是保存时间最长的，也最具保存价值，因为它能给读者以文化价值的认同和深刻持久的影响。这反而使它更加有利于历史名声的传播。

刊物产生以后，使人类的名声传播活动成为有固定周期的稳定性活动。在纸质媒介中，刊物在理解深度方面介于书籍和报纸之间，它比书籍浅，比报纸深。比如，尽管报纸非常发达，但是新闻周刊仍然不可取代。刊物的人物专访是一个非常独特的品种。在名声传播中，形形色色的人物是最重要的部分，而刊物在这方面扮演着重要角色。美国《时代》周刊的年度人物评选经久不衰，其他许多性质不同的刊物的每期主打内容也仍然是人物专访。中国发行量最大的通俗刊物《知音》也是以人物为主，虽然它并不刊登严肃的人物专访，但是它在传播中国人道德名声方面确实有一定影响。

报纸把纸质媒介的信息传播速度发挥到了极致。有了报纸以后，名声传播就成了家常便饭。报纸中日新月异、层出不穷的名声消解了书籍中名声传播的严肃性和仪式感。尽管报纸中传播名声的速度越来越快，却也越来越容易被人忘记。名声传播的频繁甚至也会引起审美疲劳。

广播的产生填补了人类声音传播的空白，也大幅度降低了人类接受信息传播的门槛。广播曾经在中国的农村起到过巨大的宣传和凝聚作用。希特勒、罗斯福等人都曾利用广播来达到自己的政治目的。在这些特定的历史时期，广播又带有了口头传播的特质，伟大的政治人物的名声随着广播逐渐丰满起来。随着新媒体时代的来临，广播的内容越来越丰富，娱乐化倾向越来越严重。许多诉诸听觉的职业，比如音乐家、歌唱家、歌手的名声具有上扬趋势。

电视让人们进入了一个视觉传播的时代，画面成为主角。这时，名声、形象和传播就成为三位一体。比如，在电视政治时代政治家必须学会与电视打交道，建立良好的电视媒介形象才能使自己的名声变好并获取更多的选票。但是对于名声传播来说，人际传播才是最理想的传播状态。于是，电视屏幕上出现了很多的电视谈话节目，它们的形态被称为拟人际传播。

## 五、新媒体传播

新媒体带来了传播的革新，第一次实现了实时传播，信息随时可以进行发布；全覆盖传播，传播突破了地域的限制；人人传播，每个人都是记者；高速传播，以一种几何级的、裂变式的传播速度；多渠道传播，互联网、手机及其客户端的多样化渠道；互动传播，随时随地听取受众的建议，彰显合作和互动；去中心化传播，不同受众可以选择出很多主题进行讨论；多样化传播，固定的用语模式被颠覆，不同的信息发布者可以根据自己的语言习惯灵活编排内容。

新媒体传播网络颠覆了名声形成的既有模式，名声不再是稀有之物，也可以不需要常年累月的实力积累。网络创造出了网络名声——产生于网络空间并且被现实世界所关注的名声。这种名声是人们之前闻所未闻的，因为在网络诞生之前，人们所知道的名声基本上都是现实的。而网络名声就不同了，网络是一个虚拟的世界，网络的名声也可以虚拟。

在这一点上，可以说新媒体技术促进了网络名声的生产。2009 年在一款网络游戏的贴吧里出现了一句名为“贾君鹏你妈妈喊你回家吃饭”的空帖，5 小时获得了近 20 万点击，两天获得了 30 万条的回复。贾君鹏成为当年的一个虚拟红人。他的名声被新媒体技术（网络贴吧 + 网友互动）创造并放大，目的是通过名声的晕轮效应使网民保持对该款游戏的持续关注。

无独有偶，2015 年 9 月下旬一个名为“叶良辰”的虚拟人物在社交媒体上走红，“叶良辰语录”语气不善，其中夹杂着武侠风和霸道总裁式的口吻，对广大网友来说引起了好奇。随着“叶良辰”个人表情包的出炉，进一步助推了他的名声。但是“叶良辰”案例并不仅仅是“贾君鹏”案例的升级，炒作说、企宣说、同名同姓误植说纷纷出现，莫衷一是，让“叶良辰”的名声呈现出虚实相间的新特点。网络社交媒体、漫画式表情包和网友互动成为“叶良辰”名声打造的技术关键。

2015 年崛起的网络红人 papi 酱的名声大噪则是依托了强大的 UGC 短视频技术。UGC 即 User Generated Content，UGC 短视频则是由用户生成的短视频内容。新媒体社交技术的演化史是从文字、图片开始的，随着微信时代的到来，语音开始大行其道。再由于手机录像功能的不断升级，4G 网络与 Wi-Fi 无线网的普及，利用手机录视频进行社交的方式成为新的亮点。从场景上来说，图片只能拍下某一个场景中风景、人物形态静止中的状态，文字和语音会因为“词不达意”无法还原形态，短视频却能够完整地在社交圈中呈现当时的场景。它包括了语言、图像、人物表情等各种不同的形态，承载的信息量更多。而且与长视频相比较，它更能节省存储空间。UGC 短视频精准地传递出用户想要表达的信息，日益成为移动社交的主流。

新媒体传播将大众传播与人际传播明确完美地结合起来，使名声传播在这一时期势如破竹，畅通无阻。首先，在实际生活中大众传播与人际传播两种传播方式往往会同步进行，甚至交织进行；其次，大众传播与人际传播这两种不同的传播方式之间还相互影响。名声传播有了新媒体的利器发挥各自优势，扬长避短，呈现出传播的最大效果。

在名声传播领域，新媒体是人际化的大众传播。新媒体工具尤其擅长利用人际关系中的种种模式来达到名声信息的复合性传播，比如微信、微博中的强弱关系、熟人效应，都使得新媒体中的名声传播更加具有广泛性与有效性。名声传播的目的与大众的需求息息相关，而新媒体最大的特点与核心就在于以人的需求为中心，呈现出个性化。与此同时，由于市场竞争的存在，每一个新媒体也要追求自己的个性特征，打造属于自己的名声。

在名声传播领域，新媒体是大众化的人际传播。实际上，从沟通彼此情感的角度来说，人际传播才是人类最佳的传播方式，在互联网时代，借助于新兴技术，人际传播获得了前所未有的普及与兴盛。电话、手机、电子邮件、网络即时通信软件把人与人连成了一个巨大无形的网络，每一个人的人际交流圈都存在着隐含的相互作用与联动。因此，名声传播在新媒介时代真正发挥了强大的威力。

# 第三节

# 媒体与名声传播的互动

一个媒体的存在意义是建立在其履行社会职责之上的，总的来说，媒体具有多重责任：一、传播信息，满足受众的知情权；二、弘扬高尚的道德情操，维护社会道德底线；三、舆论监督，推动社会进步；四、维护国家利益及本国名声。在新媒体时代，名声传播的形式早已超越了单纯的人际传播而变得多元化，这多元化的传播形式令名声传播与媒体的关系越发密切。

## 一、媒体对名声的依赖

名声的普遍存在性导致媒体报道中的任何一个对象同时也具有名声承载者的身份，从这个角度来说媒体报道的任何新闻在传播一定信息的同时也在传播着各种各样的名声。世界上没有哪一个组织像媒体一样如此依赖名声，媒体所报道的新闻、媒体生存所需要的广告都需要在有限的时间内让更多人知道，而让更多人知道的有效路径就是通过名声传播。

### （一）名声传播的浅层传播

首先要明确一点，信息的传播效果及受众的认知心理是具有层级性的，浅层的传播效果作用于受众的感觉知觉，形成受众对信息的关注度、知晓度；中层的传播效果作用于受众的思维、情感，形成受众对信息的理解度；深层的传播效果作用于受众的意志、个性，形成受众的支持度、信奉度，这一由浅入深的传播效果呈现阶梯状步步上升，最终深入人心。所有的深层传播效果都是建立在浅层传播的基础之上的，因此媒体要想达到入脑入心的传播效果，浅层传播阶段是永远不能逾越的。浅层传播虽然浅，但其重要性却值得被学者所重视。名声传播在浅层传播中具有极大优势，它决定了报道对象的某些特点的被知晓率。因为名声信息本身的简练性，导致在传播过程中需要动用的人类思维能力和沟通手段相对比较简单，靠普通的告知和表达就能够完成。

名声传播在浅层传播中的极大优势，让它能够为快速认识世界、选择信息提供及时参照。在新媒体时代，信息爆炸带来了机遇也带来了挑战，海量的信息为人类提供了极大的生产力，但同时在很大程度上分散了人的注意力，名声传播则拥有将注意力吸附起来的神奇力量。以媒体报道的新闻来说，什么样的新闻内容才会令人印象深刻呢？无外乎是在新鲜性、重要性、接近性、显著性、趣味性等五方面中某些方面比较突出的新闻。这些映射到名声传播中，就能发现重要主体的名声能与新闻的显著性相对应，地方名声能与新闻的重要性、接近性相对应，媒体青睐稀奇古怪的名声能保证新闻的趣味性，新闻的新鲜性则保证了名声信息的可扩展性和动态发展的生命力。

### （二）媒体对名声的放大

在新媒体时代，要想跨越地域和时间的限制，将名声传播得更广、更久、更响亮，媒体是必不可少的一大利器。媒体既报道已经有名声的对象，也喜欢让自己报道的对象变得有名声。媒体是一个经济组织，版面、时段和频率对它们来说就意味着创收利益的平台，因此对于自己所传播的名声的选择应该是相当慎重的。2005 年，原本普通的四川女孩李宇春由于在“超级女声”选秀比赛中胜出而登上了美国的《时代周刊》，成为名声轰动一时的流行人物。《时代周刊》放大了李宇春的名声——她是一个受欢迎的歌手，但她的成功源自她的态度和创意以及颠覆了中国传统审美的中性风格。在放大其名声的背后实际上是《时代周刊》的价值理念的输出，中国民众可以用手机来决定自己的偶像，这个事件具有开创性的民主时代意义。

当时的“超级女声”是一个新兴的创意选秀，其独特的举办模式——分赛区也引发了中国各个地方的媒体竞相报道。因为每个区域的受众只对每个区域本地的事件感兴趣，湖南卫视的一个选秀活动，要怎么样才能使黑龙江、四川、浙江、广东等其他地区的观众对它感兴趣呢？必须要化为贴近当地的题材和活动以后才能达到这个目的。[①] 那些比赛进程、系列活动的新闻、活动所引发的话题为当地的报纸、电视、电台吸引了更多的注意力。媒体成为“超级女声”名声的放大器和推手，同时媒体也因此赢得更多的收视率、阅读率、收听率，提升了自己的影响力，形成几方共赢的局面。

## 二、媒体对名声的维持

名声同世界上任何其他的生长事物一样有着发生——生长——成熟——衰落的阶段。叔本华认为：“一般来说，名声到来越迟，维持的时间就越长久，因为任何优秀的东西都只能慢慢地成熟。”[②] 名声维持的时间再长久，也不代表它不会衰落。

世界上伟大的人和事之所以能够赢得长久的历史名声，是因为它们建立在人的成就和事的重大的基础之上。但是在新媒体时代则不同，层出不穷的新名声可以在一夜之间产生，它可以到来得很早，但维持得很短。因此要想

① 欧阳国忠：《大活动　大营销》，南京：凤凰出版社，2011 年，第 37 页。
② ［德］叔本华：《人生的智慧》，韦启昌译，北京：中央编译出版社，2011 年，第 108 页。

维持名声，仍然离不开媒体。

在新媒体时代，话题传播能够有效地延长名声的存在时间。在中文里，话题顾名思义就是谈话的题目，由此而来，话题传播就是对人们议论纷纷的事情的传播。[①] 网络具有制造话题的强大力量，网站能够整合相关信息，网民能够共创和共享，必然使话题能够进一步发酵。话题传播的三个步骤包括：一、找到具有传播性的话题，利用社交媒体进行推送，吸引公众注意；二、利用多种媒体资源整合宣传，提高话题的覆盖面；三、继续制造后续话题。

在新闻方面，一般来说是正面新闻传播好名声，负面新闻传播坏名声。名声的生长也并不是一帆风顺的，名声也有可能在生长中遭遇危机。面对名声的危机，更需要利用媒体的力量以正视听。

## 三、名声是媒体的生命线

媒体是一个组织，它也具有自己的名声。比如《纽约太阳报》，它的名声是价格低廉的小报，刊登的内容主要是自杀、犯罪、审判、失火等社会新闻，旨在抓住下层民众的兴趣。《纽约时报》的名声则是美国高级报纸、严肃刊物的代表，长期以来拥有良好的公信力和权威性。由于风格古典严肃，它也被戏称为“灰色女士”。由于二者具有截然不同的名声，这两种名声都有着各自的拥趸，因此其生存所依赖的受众群体也完全不同。

除了媒体自身名声的特点差异，媒体自身名声的好坏更是直接影响了它的命运。著名的《世界新闻报》拥有 168 年的历史，是英国最畅销的周报之一，在默多克接手之后更是以名人新闻、丑闻、八卦消息等报道为卖点赢得受众青睐。但是 2011 年窃听丑闻的爆发让《世界新闻报》的名声一落千丈，最后这家老牌的报纸不得不以永久停刊的方式退出了历史的舞台。坏名声对媒体来说比其他经济组织具有更致命的打击。由于媒体机构庞杂，又一直暴

---

① 刘宏：《话题传播的构成要素》，《青年记者》，2013 年 16 期，第 32 页。

露在公众的眼皮之下，因此媒体中任何一个小环节出了纰漏都很有可能影响媒体的名声。比如，电视台主持人、纸媒编辑个人行为出现偏差、报道失实等。

媒体的名声很大程度上来源于媒体的公信力，公信力是媒体本身所具有的一种被社会公众所信赖的内在力量，代表了媒体自身内在品质和外在形象的综合素养。媒体公信力的高低，决定了媒体的舆论影响力大小，也决定了其名声的好坏。在电视发展史上，这样的案例很多。一场对一个重大新闻事件的直播报道便能成就一个媒体的名声与长远的影响力，比如海湾战争成就了 CNN 优秀、高质量报道突发新闻的名声，伊拉克战争成就了半岛电视台主打时政节目王牌、具有自由和独立立场的名声。媒体的好名声对媒体来说是一笔宝贵的财富，是无价的无形资产，值得好好珍惜。

## 四、名声与媒介形象的关系

首先来界定一下媒介形象的概念。对于形象，最初人们的理解仅仅局限于视觉直观意义上的物品形状或者人、物相貌，可是随着社会传播技术的日益丰富与先进，“形象”一词演化出了更广泛、更深刻的内涵——除了外在特征，同时强调它的内在特质。

媒介形象这一概念绝不是媒介与形象二词的简单相加，因为媒介这个词本身也具有双重理解。如果把媒介理解成信息传递的载体、渠道、中介物，或者技术手段，那么媒介形象是社会中的具象或个体通过媒介传播所衍生出来的存在于受众心、眼中的公开形象；如果把媒介理解成从事信息的采集、加工制作和传播的社会组织，那么媒介形象将是媒介组织个体或整体的形象。本文的研究是基于前一种理解而进行的。形形色色的媒介形象形成了形形色色的名声。

那么名声与媒介形象存在怎样紧密的联系呢？ R. 威廉斯认为形象是“可

感知的名声”(perceived reputation)[①]，我国的哲学家、思想家老子提出过一个美学观念即大音希声，大象无形。这句话翻译过来就是：越好的音乐越悠远潜低，越好的形象越缥缈宏远。笔者认为这缥缈宏远的好形象约等于具有历史意义的好名声，它已经从普通意义上的具象性得以精神升华。

考察名声传播的形成过程，可以把它分成三个阶段。

第一阶段：媒介塑造各种媒介形象的阶段。媒介是形象的“加工厂”，它提供并选择性地建构了各种社会知识、社会场景、社会形象，这些知识、场景、形象与真实世界之间有紧密联系，但并不是现实世界百分之百地真实体现，它只是一种虚拟的现实。这些被选择性地建构起来的形象，就是媒介形象。这一推论理论缘起于李普曼的“拟态环境”学说。在这一阶段中，媒介对于媒介形象的打造属于一种集约化式、大众型生产。

第二阶段：受众对于某主体媒介形象产生不同理解，从而形成其名声的众说纷纭。尽管“媒介依赖理论”认为在组织化的社会过程以及社会行动的个人化中，受众对大众媒介有许多种不同的依赖，但是受众在通过某主体的媒介形象而形成评价，产生某主体的名声这件事上却显得非常固执。也就是说在现实生活中，媒介精心打造的各种媒介形象在其名声传播的传播效果上常常不一定能够达到媒介传播者的初衷，反而表现出受众高度的自主性。这一现象可以用受众选择性理论来进行解释。

受众选择性理论最早由传播学者约瑟夫·克拉柏提出来。该理论认为，受众是信息传播的目的地，从传播者到传播效果的产生之间有一个重要的心理选择过程，按照时间顺序依次为选择性注意、选择性理解、选择性记忆。在名声传播中，受众在接收到各种媒介形象时同样存在相同的内在心理选择机制，选择性注意、选择性理解、选择性记忆就像三道滤网过滤掉那些使得受众心理失调的信息，只留下少部分同自己固有的价值体系和既定的思维方

① ［英］雷蒙·威廉斯：《关键词：文化与社会的词汇》，刘建基译，北京：生活·读书·新知三联书店，2005年，第225页。

式协调的信息。

另外，受众对于某主体媒介形象产生不同理解也可以归因于“个人差异理论”。个人差异理论是基于行为主义心理学派的“刺激—反应”来研究受众的。该理论认为每个人不同的成长环境和社会经历导致了人们性格的差异，这些差异主要包括两个方面：

1. 心理过程：包括认识过程、情感过程和意志过程。

2. 个性心理特征：个人在社会化过程中受到家庭、学校、党团等社会环境的影响并形成自身独特的兴趣、习惯、气质等性格和心理特征。

因此，不同的受众对同样的信息可能有不同的接受和理解，进而产生不同的态度和行为。尤其是在名声传播中，受众对某主体媒介形象产生的理解更有着鲜明的个性和一定的主见。于是，在这一阶段中，名声呈现出个性化的特征。

第三阶段：来自个体受众的评价（即名声信息）开始走向集合，逐渐形成群体性的评价。群体性评价的较大规模使之不会被信息的海洋所淹没。到了这一阶段，属于某主体的名声信息才算是基本成型。社会参与理论与群体压力理论能够解释这一现象。

社会参与论认为，大众传播媒介应是公众的讲坛，而不是少数人的传声筒。普通群众有权利用大众传媒来反映自己的处境、发表自己的见解。尤其是在新媒体时代，人人都有麦克风，人人都是记者，受众已经不满足于消极地当一名信息接受者，他们自我表现的欲望正在增长。在名声传播中，越来越多自媒体开始焕发出强大的影响力。在群体压力理论看来，群体压力对个体的信息接受情况影响很大，个体会选择与自己意见相同的群体加入，同时群体的意见会强化个体对于坚持此意见的信心。

从以上三个阶段的论述中可以发现，虽然名声是无形的，媒介形象是可视化的，但是媒介形象是名声形成的重要基础，没有可视化的媒介形象，名声就会成为空中楼阁。同时，名声也会反过来影响媒介形象的塑造。这是媒介组织无不重视大规模的社会性评价的原因。

第六章

# 新媒体时代
# 名声传播的突破

传播经历了口传时代、书写时代、印刷时代和电子时代的变革，在每一次变革中传播技术、传播形式、传播渠道、传播效果都发生了翻天覆地的变化。在新媒体时代，名声传播被赋予了全新的特点——无论是其表现形式还是产生、演变的方式，都打上了时代的烙印。在本章中，笔者将紧扣新媒体时代名声传播的突破进行观察和分析，力图找到新媒体时代名声传播存在的意义和价值。

# 第一节

# 名声传播成为社会必需品

在新媒体时代，名声传播不再是帝王将相、英雄模范的专利，也不再是普通人的奢侈品，它已成为社会中必不可少的重要资源，甚至是重要力量。

## 一、国家的名声传播战略

### （一）国家目标决定国家名声传播战略

战略，是指为实现某种目标而制定的大规模、全方位的长期行动计划。每个国家都有自己的国家战略，来系统地安排国家的经济、政治、文化、国防等各方面的体制与政策。国家战略是为实现国家总目标而制定的，是实现国家目标的艺术和科学。那么，中国的国家总目标是什么呢？党的“十八大”回答了这个问题，提出了两个“百年奋斗目标”：一个是在中国共产党成立一百周年时全面建成小康社会；一个是在新中国成立一百周年时建成富强、民主、文明、和谐的社会主义现代化国家。党的“十八大”明确提出了“两个一百年”的奋斗目标，我们还明确提出了实现中华民族伟大复兴的“中国梦”的奋斗目标。“中国梦”的基本内涵是国家富强、民族振兴、人民幸福，基本外延是和平发展之梦、合作共赢之梦、奉献人类之梦。

总的来说，我国的国家目标是宏大而具体的，也是符合人民利益的。但由于意识形态的不同，国际社会对中国的目标和崛起却产生了“威胁、称霸、扩张”的质疑。面对怀疑甚至是刻意抹黑，中国如何能让国际社会对我国在达到目标的基础上保持“和平”的庄严承诺、产生信任，接纳中国这个朋友，需要站在战略高度进行思考。

早在“十六大”，我国就确立了“走出去”战略，当时的“走出去”战略主要聚焦于经济方面，包括扩大国际经济技术合作的领域、途径和方式，鼓励和支持有比较优势的企业对外投资，带动技术、设备、产品和劳务输出，形成一批有实力的跨国企业和著名品牌等内容。随着国家治国思想的进一步开拓，“走出去”战略最终出现在文化产业领域。

2011 年 10 月，党的十七届六中全会通过了《关于深化文化体制改革、推动社会主义文化大发展大繁荣若干重大问题的决定》。《决定》指出，推动中华文化走向世界。开展多渠道多形式多层次对外文化交流，广泛参与世界文明对话，促进文化相互借鉴，增强中华文化在世界上的感召力和影响力。[①]这深刻揭示和精辟概括了中国文化走出去战略的基本内涵——通过对外文化交流、对外文化宣传、对外文化贸易等途径，来扩大中华文化的国际影响力，增强文化产业竞争力，塑造中国的文化大国形象，营造中国和平发展的国际环境，进一步提升当代中国的文化软实力。

2013 年，习近平总书记提出了构建“丝绸之路经济带”和“21 世纪海上丝绸之路”的战略构想，简称“一带一路”。“一带一路”是既强调经济贸易也强调文化发展的两手抓战略。它着力强调在尊重各国发展道路、模式的基础上，追求文明宽容，建立不同文明之间的对话机制，兼容并蓄、共同

① 辛鸣：《十七届六中全会后党政干部关注重大理论与现实问题解读》，北京：中共中央党校出版社，2012 年，第 206 页。

发展繁荣。这一构想对于中华文化自信自强“走出去”具有重要的意义和积极的作用。

从经济、文化的“走出去”战略再到“一带一路”倡议，表现了我国在实现国家目标方面，方法越来越具有艺术性，越来越科学。从名声传播角度来看，这些战略的最终目的不光是要实现强国目标，还要建立与强国实力、地位相匹配的强国名声。我国对国家名声传播有了战略性的重视，这表现在我国从思想高度上认可了国家名声的重要性，并采取了切实可行的战略来保证它的顺利实现。习近平总书记强调，要精心做好对外宣传工作，创新对外宣传方式，着力打造融通中外的新概念、新范畴、新表述，讲好中国故事，传播好中国声音。[①] 向世界传播“中国声音”就是我国重视国家名声传播的最好证明。

### （二）国际传播中的国家名声传播战略

国家的名声就像是一张国家的名片，是沟通和传播的形象大使，能够迅速建立起与国际社会交往的纽带。一张好的名片应该是兼具自我展示和业务推介的双重功效的，又能够浓缩人文精华，加深受众对名片持有者的良好印象。因此国家的名声绝对不应该是空洞的口号，而应该是饱含中华民族特色的独有内容。

我国在行动中践行了一系列与时代接轨的切实可行的国家名声传播战略。党中央、国务院对建设网络强国进行了战略部署，密集出台了“互联网 +”、中国制造 2025、创新创业、大数据等一系列重大国策，对互联网高度重视。

在新媒体时代，信息更新换代速度极快，信息共享程度极高，受众们具有无与伦比的高度自主性，一切曾经神圣不可企及的东西都在互联网面前袒露无遗，其短板与优势一样，全都在民众眼前无处遁形，国家也不例外。高

① “习近平出席全国宣传思想工作会议并发表重要讲话”，新华社，2013 年 8 月 20 日，https://www.xuexi.cn/5865231d841fc666a9797cd3571f9eb6/e43e220633a65f9b6d8b53712cba9caa.html。

冷意味着距离，而在新媒体时代，无人问津的高冷也意味着失去生命力。因此，在新媒体时代要想继续保持国家“神圣”的生命力就必须让国家真切地、鲜活地与国际社会接触，并且尽可能得到国际社会的认同。从这个角度来说，学界、业界和国家层面都需要明确转换国家的名声传播思路——由缺乏感情的大众传播转变为充满感情的人际传播。

用国家领导人的鲜明形象来代言国家名声是非常智慧的方法。在这方面，近年来我国确实取得了不少的进步，比如越来越多的中国高层领导选择在出访时在有影响力的外国报刊上发表署名文章。习近平主席在访问欧洲期间，分别在四个受访国的知名媒体上发表了四篇署名文章，以更开放的姿态推进中欧关系。除了发表署名文章，还要配合重要演讲，用环环相扣的方式向世界传播“中国声音”。选择国外权威媒体发布署名文章的目的在于更好地对外进行宣介；利用署名文章有针对性地回应媒体猜测，有利于民间交流先行一步。署名文章谱写了序曲，演讲阐述了实质内容。

首先，名声是无形的，需要一个有形的、可视化的形象支撑；其次，用国家领导人的个人魅力来打动国际社会民众的心是成功实现大众传播向人际传播转换的关键点。在这里，与国际社会民众交往的不再是冰冷的国家机器，而是活生生的充满魅力的人。国家名声传播的战略完全发挥了人际传播的优势，起到了一两拨千斤的神奇作用。

当然，应该说我国在国际社会中的名声传播战略才刚起步，未来仍然有许多的开掘空间。

第一，充分研究国家名声排行榜中的衡量指标（这些指标包括民众对国家的信任度、敬意、赞赏与好感，还有民众对于这些国家人民生活质量、安全与环保意识高低的观感），从民主制度、人均产值、生活方式、政治制度及大众“认为”的中立政治态度等方面入手建立有中国特色的名声。

第二，充分利用我国地大物博的特点，从名山、名水、名物等方面下功夫，从国家战略层面开创名山、名水、名物外交的新渠道，向世界传达出中国的文化和中国的声音。

第三，借鉴韩国的文化输出策略——将文化输出与商品输出捆绑在一起。韩国利用电视剧温情脉脉的名声和明星外形靓丽的名声成功地打开了东南亚地区受众的心扉。尽管韩国的城市繁华程度不如中国，它却赢得了“既是保持儒家文化传统又是现代化的先进国家”的名声。

第四，不管在哪种社会形态中，人都是第一要素和第一财富，因此充分挖掘中国名人名声的潜力，也不失之为一条便捷的让中国名扬海外的好路子。

### （三）国内传播中的名声传播战略

国家的名声传播战略也并不仅仅限于国际传播，事实上在对国内事务的治理上，国家也充分重视了名声传播的力量。

在新媒体时代，各种名声层出不穷，谁也不能预测第二天会被哪一种名声所刷屏，因此对名声场域的舆情监测必不可少。因为名声领域的动向实际上是社会价值观念的缩影，国家站在治理高度不得不时刻把握民众的思想动向，在适当的时候进行梳理和引导。

2012 年，是微博大 V 发展最蓬勃的一年，那些身份获认证的微博意见领袖（以学者、名人和明星为主）由于粉丝数量众多，在微博上产生了一定的影响力。不夸张地说，大 V 已经成了半个媒体——他们能够利用自己的名声时时引导着互联网上的言论和话题。但是，某些极少数大 V 却传播了一些与党报党刊党台、通讯社为主体的传统媒体舆论场主流价值观相悖离的思想。这些言论在某些突发事件产生时可能导致社会阶层分裂对峙、使政府公信力受损。针对网络上的违法违规行为，政府部门有必要发挥自身职能，依法进行查处。在党纪国法前，人人平等，网络大 V 们也不例外。

2013 年 8 月 23 日微博大 V 薛蛮子因嫖娼被警方拘留。事发后，《新闻联播》耗时 3 分钟详细报道了这宗嫖娼案；第二天平面媒体跟进报道，增加了“薛蛮子”的特殊性癖好、强调美国身份、袒露“做大 V 像‘皇上’”等各种细节；“薛蛮子”的“伪公知”形象被揭露，名声随之一落千丈。按照之前的研究成果，笔者确信名声本身就是个易碎品，好坏名声的转换也存在一定的自然规律，相比较来说，长时间维持好名声很难，好名声受损变坏则非常容易，而丑闻对好名声的破坏性是极大的。

名声的杠杆作用发挥明显：一些微博大V利用自己的名声成功吸引了众多粉丝的注意力，也利用微博营销的商业模式谋取了不少利益；而对某些大V本身并不正确的价值观和有悖公序良俗的行为予以揭露，则有效削弱了这些大V的名声影响力。在新媒体时期，国家要进一步推进网络空间法治化建设，不断加大依法管网、依法办网、依法上网的力度。

当然在限制某些名声的同时，国家也在培育符合社会主义主流价值观的名声，比如倡导党员干部上网、开微博，替党和政府说话，培养自己的网上“意见领袖”，占领新媒体的舆论阵地。

在传统媒体方面，国家继续发挥着电视台对主流价值观权威引导的作用。自2012年下半年开始，中央电视台大手笔推出“寻找最美乡村教师”“寻找最美乡村医生”两档“最美”系列大型公益活动。那些原本默默无闻扎根基层、为民众服务的教师和医生，得以在权威媒体前闪耀出平凡又不平凡的光芒，传递出“最美的人，最美的心”的温暖名声。2013年中央电视台在“最美系列”声名鹊起的基础上接着推出了“寻找最美消防员”和“寻找最美孝心好少年”等活动，继续大力弘扬社会主义核心价值观。可以说，“最美系列”中涌现出来的普通人名声是新时期“中国梦”的最好注解，中国梦不是虚幻的，其落脚点还是扎根于人民群众之中。

在“最美系列”的名声传播中，中央电视台充分利用了网络媒体的资源。“最美系列”官网专题的开设体现了央视台网互动的有效整合；主流媒体网站和一些知名门户网站对活动进行了深入报道，有效地扩大了活动影响力；来自CCTV网的视频报道也成为网络流行视频的权威来源，进一步强化了网民对活动的认知。

“最美系列”的名声传播是国家名声传播的一部分，不但向国内外传播爱、正能量，还突出了中国优秀传统文化的现代价值，对文化发展起着正确的导向作用。当然，面对新媒体带来的挑战，我国的名声传播战略任重道远。

## 二、组织的名声传播

如果说个人是社会的细胞，那么组织就是某类社会细胞的集合体。随着社会经济的兴盛和新媒体社会的到来，社会组织的形态、种类更是层出不穷。组织的飞速发展满足了多样化社会群体自治的需要：针对政府在公共服务领域的不足，能够有效提高公共产品的供给率和质量；能够在社会的各个领域发挥一定的组织、规划、协调、代表作用，帮助政府监督权力，促进机构精简；培育公民意识，促进社会主义民主政治的建设。新媒体的受众自主性促进了更多组织的产生，甚至在一定程度上能够有效抑制公权力的泛滥。

政治组织属于正式组织的一种，它也需要进行名声传播以便获得更高的关注度、支持率、公信力，从而有效地推行自己的政策。

以中国共产党为例，“是中国工人阶级的先锋队，同时是中国人民和中华民族的先锋队，是中国特色社会主义事业的领导核心，代表中国先进生产力的发展要求，代表中国先进文化的前进方向，代表中国最广大人民的根本利益”是中国共产党最为珍惜的最大的名声。在党的建设历史上，无数的优秀共产党人无不为此鞠躬尽瘁、死而后已。

中国共产党的历届领导人都非常重视党的名声问题。在朱官寨村驻扎时，周恩来曾为了保护当地群众种植的枣子给党员们上了生动的一课。他说珍惜群众的一草一木是对群众观点的最好检验，如果谁摘枣子吃，就会影响共产党和解放军的名声。一个人做一千件好事，树立起一个好的形象是很不容易的，但做一件坏事，坏名声很快就传开了。住在这里，一切要为群众着想，决不要做一件坏事。[①]周总理的一番话指明了普通党员行为处事与党组织名声的关系，为维护党的名声对党员们提出了明确的要求。

习近平总书记多次在重要讲话中谈到了名节、名声问题。比较而言，名声重在声誉，名节贵在节操，共产党员的名节是共产党组织名声中的一部分。

---

①　刘长明：《跟随毛主席从延安到北平》，北京：军事科学出版社，2005 年，第 121 页。

组织的名声和人的名声一样，都会随着不确定事件的发生产生高低起伏。随着新媒体时代的到来，新媒体舆论场的形成确实给党的名声带来极大挑战。在新媒体舆论场中，公共话语权得到前所未有的释放，一些杂音无序流淌。网络舆情变幻无常，网络舆论来势凶猛，都进一步提升了党在舆论引导和社会管理上的难度。同时，也应该正视一个现实，那就是在新时代下确实有一些党员、干部在作风上、行为上有不检点的一面，这些瑕疵经过网络的广泛传播之后，给党的名声造成很大的破坏。更为严峻的是，如果一些别有用心的势力有意借机来操纵网络舆论，编造政治谣言，那么就会达到恶意破坏党和政府名声的目的。因此有关中国共产党名声的任何事情都不是小事，应当高度重视起来，从名声传播的传播机制上找源头、想办法。

得人心者得天下，中国共产党正是靠着被民众认可的良好名声传播才在社会主义的道路上坚持下来并不断求索前进的。

在解放战争中，作战双方实力悬殊，中国共产党之所以能够迅速取得胜利，原因之一是，中国共产党的名声更好，更容易得到人民的广泛支持和真心拥护。对于政治组织来说，良好的名声传播力量不逊于你死我活的军事较量，由名声决定的人心向背是重要的筹码。

“注重民生，全心全意为人民服务”也是中国共产党区别于其他任何政党的最显著的名声。人民把共产党送上了执政的舞台，党在执政过程中也切实将“注重民生”落到实处，名副其实，得到了人民更坚决的拥护。

在新媒体时代，中国共产党组织的名声传播同样需要利用新媒体技术、手段来进行强化。一个可喜的突破就是，由热情支持党组织的民间人士自发建立的党组织领导人微博越来越多地受到党员和群众的关注。这些关注的粉丝们又团结在一起形成了强大的网络粉丝群。粉丝群成员能够利用移动设备随时随地交流，形成远近不一、聚散灵活的关系网络，有着很强的黏性。一旦出现热点或者共同话题，他们能够立即动员形成强大的互动跟进力量。

2012 年 11 月，在新浪、搜狐、腾讯和人民微博四大微博上出现了一个名为“学习粉丝团”的微博账户。根据广播公司网站 2015 年 7 月 7 日文章披露，

“学习粉丝团”有 280 万粉丝。这个粉丝团发布党的正面消息的平台，以发布图片为主，配以轻松的说明文字，使看似严肃正式的活动变得更加生动、有趣。

由中央宣传部思想政治工作研究所开发的“学习强国”APP 于 2019 年 1 月 1 日在全国上线。与此同时，在苹果软件下载中心苹果应用商店中，“学习强国”成为了中国最受欢迎的手机应用程序。到目前为止，其注册用户总数已经突破 1 亿，每日活跃用户比例高达 40%—60%。“学习强国”平台不仅能够提供海量的优质学习资源，还能够凝聚党员的归属感，增进他们的价值共识，在主流话语传播及党组织的名声传播方面发挥了重要的作用。不仅是党员，广大的人民群众也可以通过它加入到这场轰轰烈烈的学习热潮之中，加入到进一步传播我党优秀名声的队伍中来。

党组织的名声传播要通过生动的形式、多样的手段表达出来。以“学习强国”的人物版为例，它以新时代的楷模为主角来设置版块，以歌颂普通党员真善美的方式来传播整个党组织的优秀名声。中国天眼之父”南仁东、“守岛就是守国”的新时代奋斗者王继才……都是党组织中的一员，都有着为国、为家、为民的善始善终之举，他们身体力行地践行中华美德的价值取向，以坚强可信的品质有力地塑造了我党优秀的名声。

同时，“学习强国”的新媒体技术还促使全方位、多层次、多声部的名声传播矩阵形成，达到了“大珠小珠落玉盘”的效果。2019 年两会前夕，“学习强国”发布了一个时长 1 分钟的动画短片《时小刻：两会课堂》。在动画里，虚拟人物“时小刻”将“什么是两会”的知识以轻松、活泼的口吻进行解释。这种风格和话语方式雅俗共赏、寓教于乐，大大淡化了主流意识形态的浓墨重彩，让受众在轻松、愉悦的视听体验的同时潜移默化地接受了教育，达到了党组织名声的柔性传播效果。

无独有偶，2021 年两会期间，由中国政府网、国务院客户端作词、作曲和演唱的《每个人都在努力啊》于 2021 年 3 月 10 日发行，歌曲 MV 同期上线。该歌曲以民谣 rap 的形式出现，用耳目一新的方式为全国人民普及了 2021 年政府工作报告。借助新媒体的东风，这首歌曲的传唱度迅速提高。内容和形式的完美贴合，缩小了群众对党组织的距离感，引发大家的热捧。适度的娱乐化与幽默化软语境，让党组织的名声传播效果更加理想。

## 三、个人的名声传播

新媒体不仅是人类科技史的发展，也是文明史上的一次重要革命，新媒体将给社会的方方面面带来意想不到的变革。在这种强劲的发展势头下，作为社会的个人必将受到深切的影响。对名声传播来说，它不是严格地由实践来决定的，而是个人自发产生的，会秉承自己的行为、思维习惯，同时会根据自身所处环境做出一定的变化。名声传播与周围的社会及其他个体形成网状交织，并且会受制于外界曾给予的和将要接受的反射思维的作用及影响。社会作为一个载体，运营着无数名声传播行为的伸展活动。在这种信息采集、交流、获取的过程中，个体的名声传播活动得到经验的肯定或否定，以此又一次达到名声传播行为经验的积累。

新媒体环境下，个体在传播心理方面呈现出新的状态：大家越来越追求自由、平等和道德；人文关怀更加显现，弱势群体与底层民众不再是被忽略的对象；用娱乐和宣泄实现虚拟的狂欢；对抗无处不在，网民通过对抗来表达对既有社会不公的怀疑和敌对态度，同时，又因为对抗而形成了对彼此身份的认同，结成了更牢固的思想上的统一战线；[①] 个体通过展示实现自我，通过围观获得乐趣。

基于这种的新变化，个人的名声传播显得精彩纷呈。

---

① 杨艳琪：《大众文化心理与新媒体新闻传播特性探析》，《出版与传播学刊》，2013 年第 1 期，第 83 页。

### （一）英雄、模范名声传播

尽管英雄、模范有不尽相同的标准与界定，但是任何人类社会都离不开英雄、模范。他们能够让自己或者率众做出对社会有意义的事情。他们不但冲破了自私自利的束缚，还拥有为人所爱却又被社会乱象所遮蔽的人格魅力、道德品质和精神价值。英雄、模范存在的意义就在于给人类希望。因此，英雄、模范的名声传播是社会名声传播系统中非常重要又不可或缺的部分。

新媒体时代，人们通过个性的张扬达到对社会的反叛和对中心的否定，用标新立异的思想观念和行为举止表现自我。消费主义更加张扬导致理想主义的消解，人们对人格、意义、价值追求的失落消解了社会思想和社会价值。在这种消解中，原来具有高尚意义的英雄名声传播和模范名声传播无疑面临极大的挑战。

虽然大众传播与新媒体传播更多更大的价值体现在“娱乐”方面，但实际上大众文化也好，新媒体文化也好，它们都具有意义承担的一面。正意义的新媒体文化具有强烈的社会批判意识，这体现在千千万万无名的、具有公民意识的网民代替以往的知识精英成为批判的主体。当然也有一些政治学家称这种批判意识为“弱者的武器”。虽然新媒体文化的社会批判来势汹汹，势不可挡，但却具有曲折性和“娱乐的形式”。因为批判者在当下社会处在弱势地位，他们面对的是强大无比和坚固不摧的批判对象，所以他们批判的表情是揶揄的、装疯卖傻的、玩世不恭的。在这种环境中，批判转化为嘲弄，正气转化为娱乐。

新媒体在进行解构、纵情于恶搞的时候，英雄与模范也无可奈何地成为了戏谑的对象、娱乐的佐料、恶作剧的素材。从“助人为乐”的雷锋到舍身炸碉堡的董存瑞，都在新媒体时代中开始逐渐偏离原来的名声轨道，背上了政治符号的名声。

在我国，英雄、模范的名声传播除了靠人际传播的口口相传，还被官方媒体以极其重视的形式加以宣传。其中，比较有代表性的是英雄、模范的典型人物报道。关于王进喜、黄继光、焦裕禄、孔繁森、邓亚萍等来自各行各业的英雄、模范人物的报道，让他们的名声风靡全国。英雄、模范的名声传播能够树立榜样、聚合人心、统一意志，推动社会主义核心价值观的践行。但是传统的英雄、模范的典型人物报道在新媒体时代却日益暴露出弊端和缺陷，比如过分强调教育性反而引发受众的反感；过分强调“完美”却忽视了真实。这些反而给新媒体时代英雄、模范的名声传播带来负面的效应。

随着新闻专业主义实践的深入，传统媒体及时扭转了这种报道缺失，用日益真实与理性的态度来进行了修正，英雄、模范的名声传播又重新焕发了生机。2014 年齐鲁晚报一则《“英雄”雷楚年的迷失》引发了社会热议。雷楚年曾经是 2008 年全国“抗震救灾英雄少年”，然而他却于 2014 年 11 月 3 日被成都市高新区人民法院以诈骗罪、伪造国家机关印章、伪造公司印章罪提起公诉。媒体详细报道了雷楚年从英雄模范到受困囚徒的跌落过程，并提出了“该怎么正确地做英雄”这个问题。

第一，曾经的“英雄少年”如今误入歧途的事能够被公开报道就是一种社会进步。它从思想上扭转了人们的一个误区，即英雄模范的名声并不意味着承载这种名声的人就是毫无瑕疵的道德完人。就算是人性闪闪发光的模范，也可能会存在缺点和不足，在进行他们的名声传播时不能不顾客观真实、一味拔高。

第二，必须正视一个事实，那就是道德操守本身是具有不稳定性的，英雄、模范名声传播必须尊重人性和个体的复杂性格。英雄、模范名声虽然耀眼，但也要考虑名声承载者的具体情况，尤其是对于“小英雄”的宣传，一方面不能让他们被名声所累，让他们过多背负受众对他们“寄予厚望”的压力，过早地失去童年；另一方面，也不能让他们过早地受到功名利禄的诱惑。

第三，由于英雄、模范名声的特殊性，受众对他们的道德素养要求更高，但是理性的名声传播应该遵循道德培养的规律，不能片面夸大一个人的道德而选择性地忽略他可能存在的缺点或者行为上的瑕疵。

第四，媒体有责任引导受众树立良好的对待“英雄、模范”的认知心态，受众对“英雄、模范”的推崇也需要遵循基本的社会规律。否则一旦英雄、模范由于某些事件而导致好名声受损，就有可能颠覆某些受众的价值认同，并在一定程度上消解他们今后对待类似榜样的积极自我观念，那么这种反效果就与国家进行英雄、模范名声传播的初衷相背离了。

在新媒体时代，要运用新媒体的思维和技术灵活地进行英雄、模范的名声传播。以对雷锋的宣传为例，可以利用新媒体的交互性与即时性、海量性与共享性、多媒体与超文本、个性化与社群化搭建快速、便捷、无疆界、跨地域、大众化的开放性沟通平台。人们可以随时随地形象地了解雷锋、研究雷锋，发表对学雷锋的主张和看法，聚合分散在社会各阶层各地域各领域的志同道合者开展学雷锋活动。比如，依托中国文明网，由中央文明办、长沙文明办承办的雷锋网，主要栏目有雷锋照片、雷锋故事、雷锋日记、雷锋书籍等，涵盖内容涉及学习雷锋的方方面面。抚顺雷锋纪念馆还将纪念馆搬到了互联网。2004年5月，盛大网络游戏公司推出了游戏《学雷锋》。时髦的“雷锋帽”“雷锋鞋”更是在时尚界频频现身。雷锋卡通、雷锋动漫、雷锋微博等形式，更容易为新一代青少年受众所接纳，并产生价值认同。

### （二）草根名声传播

草根，平凡而具有顽强的生命力，看似散漫无羁，却生生不息。用它来映射社会中的一种平民精神再合适不过。在新媒体时代，由它衍生出来的新词很多，比如草根网民、草根阶层，用以指平民百姓、消费者或网民。他们的数量众多，但是个人势力较弱。在美国《时代》周刊选出的2006年封面人物中，“草根网民”领先了许多政界要人、商界巨擘成为当年影响世界进程的人物代名词。网络给所有平民百姓带来了信息发布渠道和表明态度立场的空间，使得无数草根一跃成为时代的主角。在名声的世界里，草根名声就是指来自普通平民百姓的名声。这种名声具备两个特性：一、顽强；二、广泛，遍布每一个角落。

尽管任何一个普通人也都很爱惜自己的名声，也渴望让自己的名声能够在时间的长河中留下一些痕迹，但实际情况是普通平民百姓在新媒体时代到来前，是很难享受到如名人般的大范围传播自己名声的乐趣的。追溯历史，可以发现为普通人立传其实自古代就存在，但整体看来所占比例很低。司马迁的《史记》有一些章节记录了下层人士的生平传记；新中国成立后到“文革”结束，政治话语、宏大叙事占据文学创作主流，为个人言说的平民传记销声匿迹。20 世纪 90 年代中后期，这种情况才稍微有所好转。可见普通平民百姓进行自己的名声传播的最大障碍就在于话语权的被动。

新媒体技术引发了传播形态、社会形态的变革，以博客为代表的 Web 2.0 提供给普通大众和媒体精英以及潜在媒体精英同样的发挥机会及展示舞台。互联网重构了现代社会的话语建构和权力运行机制。普通百姓的话语权得到了有史以来的最大尊重。微博、微信纷至沓来，草根自主生产信息成为新的潮流。人人都有麦克风，人人发言，曾经的政治、商业、知识精英的话语权相对削弱，他们不再是真相和真理的绝对占有者。名声传播在这一时代环境下变成了“所有人对所有人说”，草根们不用只是被动地等待得到精英阶层的关注，他们可以自己为自己代言了。新媒体技术在虚拟世界确立了开放、平等、分享的民主原则，也形成了对话、协商、去中心、反权威的民主氛围，人们渴望将虚拟世界的民主观念和原则复制到现实社会重构社会关系。草根在普通人名声传播中的积极参与和充分表达意味着书写“完整历史”的更大可能性。

以中国独立纪录片来说，被拍摄对象是一些并不为精英阶层关注的特殊人物谱系：各种“盲流”、农民工、农民、下岗工人、同性恋群体、军人、边缘化的知识分子、残疾人、摇滚青年、性工作者。这些弱势群体是真正的草根，在新媒体时代之前，他们通常被排除在主流媒体视野之外，即使有的电视节目“讲述老百姓自己的故事”，但关注的角度也是自上而下的。随着新媒体时代民主意识的更新，对草根的关注不再是俯视、猎奇，而是尊重。所谓的草根同样是具有尊严和复杂人性的普通人。这种视角的改变，极大地还原了草根名声的本真，具有重要意义。

另外，从精英角度来看，主流媒体对草根名声的关注在新媒体时代也发生了改变。对于人物名声传播，我国有一个特有的报道类型——正面人物报道。其报道的对象有两大类：以英雄、模范人物报道对象的典型人物报道和以平凡人物为报道对象的感动人物报道。感动人物报道更多的是传播着草根名声。在报道中记者越来越注重人性的自然释放，哪怕是一个细节，都能打动和感染受众。汶川大地震发生后，那些插队献血的青年、大量自发的志愿者、不顾自己安危的护士……一个个虽不是英雄的凡人，却折射出人性的光辉。近年来，中央电视台推出的《感动中国》等栏目也渐淡化“高大全”意识，注重平民化、生活化，从24年行走在孤独邮路上为乡镇百姓送信的“马班邮路”投递员王顺友到无民族歧视带领村民奔小康新疆伊犁地区布里开村村支部书记买买提江·吾买尔，这些草根名声如同一颗颗闪亮的星星点亮了大家的心，为普通人的生活带来希望。

# 第二节

# 名声成为社会消费品

## 一、消费时代的影响

按照著名的罗斯托的六阶段理论：一个社会从传统社会到后现代社会，经历六个阶段：传统的社会发展阶段——准备起飞阶段——起飞阶段——走向成熟阶段——大众消费阶段——超越大众消费阶段。目前，我国主要的经济部门已经从制造业开始向服务业转型，生产者和消费者开始利用大量的高科技成果注重消费的质量。人们在休闲、教育、保健、社会保障等项目的支出、花费明显增加，同时消费更具国际化，这说明我国已经进入了消费社会。眼下是一个消费的时代，当物质消费不能完全满足人们的消费欲望时，精神消费就变成了必然。名声传播属于精神消费中最大众化的，也最让人们喜闻乐见的部分。

在新媒体时代，新闻是打造名声和进行名声传播的重要区域。名声成为社会消费品的观点同时受到了商业新闻主义的影响。商业新闻主义的本质就是认为新闻是实现商业利益的工具，21 世纪在全球传媒界叱咤风云的传媒大王默多克深谙此道，他曾直接表明“所有的报纸经营都要盈利”的观点。商业新闻主义观念使新闻越来越娱乐化、世俗化、非精英化，商业新闻主义观念也使新闻传播越来越民粹化、“受众中心化”，也在形式上淡化了新闻的阶级色彩、政治色彩，使新闻成为共同的社会消费品。[①] 同样，由新闻衍生出的新闻名声也是一种消费品。

对名声进行消费，已经成为社会的一种常态。粉丝作为“过度的名声狂热爱好者”对自己所支持名声的消费能力惊人，据粉丝网的一项调查显示：目前我国的“粉丝”市场已有近千亿的消费能力。比如，通过对真人秀节目的调查报告显示，真人秀的各环节价值超过 50 亿元，对社会经济的总贡献达到近 100 亿元。白领成为粉丝主力，还有大学老师、外企高管和相当一部分媒体业精英。他们大多收入不菲，经济独立，消费也更为随心所欲。由于粉丝和消费水平紧密挂钩，粉丝内部还出现了贵族化倾向，甚至还出现了“不花钱的粉丝是没有价值的粉丝”的谬论。这从一个侧面反映了名声的消费品属性。

对名声进行消费的风气愈演愈烈，上至神仙下至流氓，只要有名声就会被利用，让名声传播变得物质化、功利化。比如对孙悟空祖籍的考证：鉴于 1980 年某日本学者提出“孙悟空”可能源于福建之后，一位福建学者更是顺藤摸瓜把孙悟空的起源地定在了福建的顺昌县。但《西游记》作者吴承恩的家乡连云港市却另有一套理论，他们认为孙悟空应该是连云港人，因为古代交通不便，吴承恩的写作一定是“因地制宜”。山西娄烦也加入“大圣故里”名声争夺之中，他们邀请了多位专家，经过 20 多年的研究后认定，根据证据和文化内涵的丰富性，孙悟空的老家为娄烦县的说法最靠谱。三地一边忙于名声的争夺，一边着手开发建设“花果山孙大圣故里风景区”。就连《金瓶梅》里臭名远扬的西门庆也成为名声的消费品，山东省阳谷县、临清市和安徽的黄山市都打着“西门庆故里”的名号吸引游客以推动本地旅游文化产业。

---

① 杨保军：《新闻本体论》，北京：中国人民大学出版社，2008 年，第 52 页。

名声成为赤裸裸的消费品，但最关键的问题是受众需要消费名声。经济学里一个简单的原理是：有需求就有市场。受众对名声消费的需求实在太大了，从古到今，上至天文下至地理，每一种名声都会有其相对应的关注者。受众需要利用名声传播来达到一些功利性的目的（在前文名声传播的功能章节已有论述）。

当然，在关注名声的消费品属性时仅仅把目光投射到消费者是不够全面的。在名声这一消费品市场中，情况远远比表面上的现象更复杂。一个残酷的事实是，既然名声是个消费品，那么有限的名声是可以被消费完的。一旦出现这种状况，需要继续消费或者被消费的话，就需要在原有名声的基础上补充制造些新的材料，于是名声炒作便不可避免地发生了。名声炒作就是单位时间内为实现名声传播效应最大化而实施的一种非自然、超常规的宣传手段，有时甚至为了达到吸引眼球的目的，不惜捏造、推测、臆断事实，为了保持高曝光率，在一段时间内集中人员和版面，调动一切新闻手段对某一新闻事件或新闻题材进行集中报道。演艺娱乐圈是名声炒作的重灾区，他们炒作名声的方式也是多种多样：隐退复出、骂战、裸露、辞演、学历背景造假等，花样繁多，不一而足。

## 二、经济概念的引申

消费品是指在物质、文化生活中那些可以满足人们多种需要的社会产品。以满足需要的不同方式进行划分，可分为基本消费品，比如衣、食、住、用；发展资料，比如体育、文化用品；享受资料，比如高档营养品、艺术珍藏、华丽服饰。名声成为社会消费品就是指在新媒体时代名声已经成为一种可以满足人们精神文化需要的社会产品，属于享受资料的范畴。谁人背后无人说，哪个人前不说人？虽是一句俗语，却恰好印证了名声传播的普遍性。在当今社会，不论是亲朋好友聚会还是陌生人寒暄，或多或少都有名声传播的痕迹存在。名声传播可以让人们得到文化上的提点、精神上的愉悦，这主要源于名声传播在人际传播中的作用，以及名声传播对传受双方的心理满足。

消费品有使用时限，以能够使用的时间长度进行划分，可以分为普通消费品和耐用消费品。普通消费品只能一次或短期使用，耐用消费品可以长期使用。同理类推，大部分新闻名声属于普通消费品，它可以被消费的时间很短，大都昙花一现。比如娱乐八卦新闻——某名人说她穿了范爷的旗袍，然而被揭露只是山寨版服装，她的自恋倾向更严重了等，不可枚举；历史名声属于耐用消费品，它可以被人们长期使用，比如曹操的名声——史书上评价他是治世的能臣，乱世的枭雄，不但有政治谋略还唯才是用，军事才华也不可多得；小说里评价他奸诈、多疑。历史名声在名声世界里就像是一座挖掘不尽的宝藏，可以时时出新。

以消费者的购买习惯、行为来进行划分，可以分为便利品、选购品、特殊品和非渴求品四类。便利品指的是消费者要经常、就近购买，且购买时不需要花大量时间比较的商品。名声作为消费品，符合便利品的定义，它对人类社会来说得到非常便捷，且不可或缺。

一般来说，消费品的价值体系由功能性价值、情感性价值和社会性价值三个层次构成。名声的功能性价值体现在提供了形形色色的名声信息，名声的情感性价值体现在传播时所附带的情感，名声的社会性价值体现在传播时所附带的价值观念。消费品市场涉及全社会，对名声这个消费品来说，社会中的每一个人都可能是它的消费者。由于社会需求结构、形式的多样及多变，名声消费也因此表现出多样性、多变性。

## 三、名声传播最大的消费者

在新媒体时代，粉丝已经成为名声传播最大的消费者。他们在名声传播中的消费实力惊人，以中国湖南卫视在 2004 年至 2006 年间举办的大众歌手选秀赛《超级女声》为例。《超级女声》创办于中国选秀文化的发轫时期，成功打造了中国亿万粉丝经济的运作，刷新了国人对粉丝运营的认知。15 万多名女孩参与比赛，2005 年 8 月 26 日的总决赛直播更是吸引了近 4 亿观众，其中有 800 多万粉丝发送手机短信为自己所支持的选手投票。粉丝群成为赛场外另一道靓丽的风景线。粉丝群成为助推明星名声的中坚力量。

名声传播中的粉丝消费品的类型多样。以演艺明星的粉丝消费品来说，包括购买明星演唱、演出的 CD、VCD 等视听影像产品；购买明星们代言或喜欢的各种商品；购买明星名声的衍生产品，比如与明星们有关的书籍、印有明星肖像的衣物、杯子等。

除了这些有形的消费品，名声传播中的消费行为还包括粉丝们为支持明星而所需要的吃穿住行等无形消费。粉丝追随明星的行程，会在相关地域的交通、餐饮、酒店业进行消费。粉丝做大型海报、印有标语和明星头像的 T 恤和鞋子，会在印刷及服饰生产行业进行消费。粉丝用手机进行投票会在电信、网络运营行业产生消费。

在新媒体时代，名声传播中的粉丝消费者的类型日益增多。随着名声承载者外延的扩大，种类的细分，粉丝消费者的属性和类型也越来越多元化。比如随着政治人物名声在网上传播的热情高涨，很多中年人也成为名人粉丝团的粉丝，其中不乏为了模仿名人着装而消费类似服饰的行为。粉丝消费者类型的多元化更体现在演艺明星的粉丝中，毕竟演艺明星圈子是粉丝经济发展的起源地。以往的明星粉丝主体以青年学生为主力，后来扩展为更有经济实力的白领，现在年龄更大的“妈妈粉”逐渐增多。随着明星走红的年纪越来越小，“姐姐粉”“妈妈粉”的称谓应运而生。“妈妈粉”的消费不仅包括上述所有的消费品和消费行为，还会为所支持的明星的学习，消费学习辅导用品。

随着名声传播中粉丝消费行为的全面开发，消费数额越来越大，有消费过度向消费无度发展的趋势。这是需要引起高度关注的。也有积极的一面，如李宇春粉丝群成立了“玉米爱心基金”，累积善款已达千万元。对明星粉丝来说，粉丝消费纪录就是用来被打破的。

# 第三节

# 电视的名声传播资源

电视节目资源指的就是可以被电视台利用的、吸引观众收看的各种节目形态及其与之相关的附属物。无论在什么时代，对媒体人来说“内容为王”是不变的真理，只有拥有丰富的节目资源，才有可能为受众呈献上精品电视节目。

## 一、新媒体对电视节目的影响

电视是全球信息传播体系的主要载体之一，也是人类摆脱人际传播的个体性而趋向群体依附权威的产物，它形成的电视文化对社会意识形态和民族文化走向起着决定性作用，因此每一个国家都十分重视电视文化事业。在新媒体环境下，中国的电视事业同样面临着机遇和挑战，迎接机遇和化解挑战归根结底都需要电视节目的创新，故步自封只能走向穷途末路。

## （一）困境

在传统媒体时代，电视的意识形态性和主流媒介天生被赋予的职权铸就了它高高在上的性状和不容置疑的权威性。普通受众对它信任，少数精英即使对它有所微词却只能罔顾，不能改变格局。进入新媒体时代，平面纸媒、广播、电视三足鼎立的信息传播格局被颠覆，年轻人开始逐渐离开电视亲近网络。在新媒体时代，人们自由支配观赏内容的可能性增加，双向传播成为可能。微信、微博、手机媒体等新鲜的信息获取方式迅速占领了受众的注意力，全球很多著名的报纸、期刊先后停刊，传统媒体记者面临着不转型就有可能被淘汰的尴尬。电视也遇到了收视率下滑、市场份额缩小，开机率和关注度减少的困境。

这一系列数字下滑的背后是受众观念的转变和社会形态的改变。受众的自我意识增强而电视的权威性则趋于消淡。电视的权威性所暗含的标准也随之被冲击，新一代对权威制定的认知逐渐淡漠，这对于国家意志来说并不是一件好事。

同时，新媒体又进一步加快了全球化的进程，中国电视业受到了明显的冲击：外资传媒的电视节目资源开始进入中国市场，外资开始进入电视节目制作领域。对于受众来说，好处在于节目选择的范围扩大，但对于电视人来说，这也意味着受众收看国内电视节目的时间也会相应地减少。最关键的是外资传媒文化内容背后所附加的西方意识形态对国人影响甚大，其影响的好坏都需要慎重对待。

当然，必须要用辩证的观点看问题。新媒体虽然内容更贴近大众，传播形式更立体、速度更快、便于互动，更容易满足当代受众的快节奏生活对各种信息的适时需求和反馈，但是也存在一些弊端。比如，内容传播层次泛且浅、公信力差。面对新媒体的冲击，电视人唯有不断兼收并蓄，通过创新、融合、互动等举措才能开创电视媒体新时代。

### （二）电视节目的坚守

据研究，虽然新媒体来势汹汹，但是电视在整合传播中仍占据主导地位。重大新闻事件只有在被电视媒体传播以后才能引爆全社会的关注焦点，才会在新媒体上出现整合传播高峰。尽管多屏互动已成趋势，但电视仍是最重要的一块屏幕。中国的数字化变革使观众的收视体验更加提升，观众的高自主和高审美收视需求成为趋势。另据调查显示，电视的观众信任度远远超过其他新兴视听媒体而高居榜首。这一切成绩归根结底是由于电视仍然是优质内容的主要制作者。

面对互联网的海量内容，电视迎难而上牢牢主导着优质内容的打造，这一切都反映在电视节目的不断丰富和不断创新之上。

首先，电视继续保持着国际重大新闻资讯与新闻深度评论的优势，打造了一系列受观众欢迎的电视新闻节目。除了各省级卫视的新闻节目外，中央电视台新闻节目中心一直致力于国家级别的新闻资讯提供及新闻频道采、编、播整体运营和管理，开办有《新闻联播》《新闻 30 分》《晚间新闻》《朝闻天下》《焦点访谈》等极有影响力的新闻与专题栏目。

其次，综艺节目、电视剧、纪录片是电视大有可为的三大领域。尽管国内视频网站的自制剧、自制栏目日益兴起，但真正能够引发社会关注热潮的仍然是电视媒体制作的内容，比如以《中国好声音》为代表的综艺节目、以“舌尖”系列为代表的纪录片等。电视力争在互联网舆论战中抢占制高点，传播先进文化和正能量，抵制恶俗之风。

最后，电视还在大型晚会、赛事等直播性节目一枝独秀，比如“感动中国”年度人物评选、“3・15”晚会、春节联欢晚会、各项体育赛事直播节目等。

电视节目精彩不断，未来还将随着时代的进步增加更多种的节目形式满足受众的要求。

## 二、明星真人秀节目中的名声传播

"真人秀"又叫"真实电视"(Reality TV)、"真实秀",作为一类电视节目,是对自愿参与者在规定情境中,为了预先给定的目的,按照特定的规则所进行的竞赛行为的真实记录和艺术加工。[①] 国内真人秀节目以2003年为分界线,前期以"野外真人秀"为主,后期以"海选""全民娱乐""民间造星"为特征的"室内真人秀"成为主流。这两个时期都是以平民百姓为主角在媒体中进行竞赛。再后来,"真人"不再限于平民,其定义逐渐从"民星"演变成"明星"或者"民星"和"明星"的融合。比如中央电视台2011年推出的《梦想合唱团》,由8位当红明星带队回到家乡寻找出20位来自各行各业的有唱歌梦想的当地居民,组建成合唱团,明星真人秀初现端倪。2012年《百变大咖秀》以艺人明星模仿别的明星为主,将"明星"作为真人秀的主角。

纵观近几年的电视节目格局,各电视台已经告别了过去"电视剧为王"的时代,决定一家卫视在整个卫视阵营中位置的是综艺节目。"得综艺者,得天下",明星真人秀节目的火爆荧屏已经是毋庸置疑的事实。自2013年明星亲子户外真人秀《爸爸去哪儿》红火之后,明星真人秀节目在2014年全面开花,《奔跑吧,兄弟》《一年级》《明星到我家》《花儿与少年》《喜从天降》《十二道锋味》等无不取得了口碑与收视的双丰收,2014年甚至被媒体称为综艺元年;到了2015年明星真人秀节目更是保持了强劲的发展势头,据2014年秋季北京电视节目交易会公布的2015年节目计划的数据显示:2015年综艺节目大爆炸,约有200档节目争俏荧屏,其中大部分是明星真人秀节目。经过2015年年终总结,明星真人秀节目的确交出了火热的成绩单,央视的《叮咯咙咚呛》《黄金线路》,湖南卫视的《动物园奇遇记》《真正的男人》《偶像来了》,江苏卫视的《一路上有你》《真爱在囧途》等,继

① 尹鸿、冉儒学、陆虹:《娱乐旋风:认识电视真人秀》,北京:中国广播电视出版社,2006年,第6页。

续将明星真人秀的热潮延续下去。2020年“双十一”这天优酷私享会在上海隆重举办，基于对9大平台片单200余档节目进行的梳理分析：从2020年到2021年，大型户外真人秀节目回暖。据不完全统计，将有10余档户外真人秀上线。《奔跑吧》第九季、《极限挑战》第七季都是所属平台的重点项目，《元气满满的哥哥》和《青春环游记》也都将推出下一季。爱奇艺与腾讯视频双平台联播的《哈哈哈哈哈》，采用公路行进式户外真人秀的新形态，来展现后疫情时代老百姓的真实生活，开播以来取得了良好的市场和用户反馈。

明星真人秀究竟有什么魔力能够受到广大观众的热捧，它与名声传播之间到底有怎样的关联，都是本节将会探讨的问题。

### （一）明星真人秀的成功要素之一：大牌明星名声

明星真人秀里的大牌明星指的是节目中邀请到的名声最大的演艺明星。演艺圈是很典型的名利场，与名声传播的关系极为密切。明星的名声好坏与大小直接决定了他的经济价值。关于明星的经济价值早就有学者做过研究，在他们看来：“明星是一种经济现象，在当代娱乐工业结构中作为一种资本形式发挥作用。明星的经济价值源自其所具备的‘劳动’与‘资本’双重属性，通过‘明星形象’这个中介来实现对明星资本的管理和经营”。[①]

明星形象与明星名声的关系简言之就是“明星希望维持的状态”与“受众心里对明星状态的评价”的区别，形象最终能否被受众接受及受众接受了多少都有赖于受众的最后评判，因此明星名声才是明星形象最终要到达的终点。既然明星的经济价值是可以被量化的，那么明星的名声大小也必须有相应的等级来衡量。事实上，在打造明星的行业中，国际上有一套严密的明星制度。早在20世纪初，就在好莱坞逐渐形成了这种制造和鼓励明星崇拜的商业手段。当时的电影制片商有计划地通过各种手段制造明星，赋予演员一定的个性，并且想方设法利用各种因素和手段吸引公众注意力。明星制度的核

① 邱章红：《形象与资本：好莱坞电影工业明星制剖析》，《北京电影学院学报》，2006年第6期，第68页。

心就是一切以明星为主，通过对明星的经营提升票房价值并获得相关的衍生收益。

国际上把明星名声级别划分为20级。按照空间和时间两个维度进行衡量，知名度所传播的范围与持续的最长时间相结合所形成的横纵坐标点就构成了等级数额。在国内，一般用约定俗成的“一线、二线、三线”来划分明星的名声等级。用国际标准进行估算，一、二、三线明星名声等级约等于国际标准的9级及其以上，9级是衡量明星名声等级是否及格的标准。明星的名声等级高低与其商业利润、发展潜力成正比，等级越高，盈利也越多。

对明星真人秀节目来说，拥有一线的具有大名声的大牌明星是成功的保障之一。以湖南卫视2015年8月1日起每周六播出的《偶像来了》为例，它被定位于明星生活体验秀节目。该节目共12期，从节目主持人到嘉宾，无一不是话题性十足且名声响亮的人物。主持人何炅和汪涵都是湖南卫视的台柱子，也是主持界的“名嘴”。何炅的名声是“扎根快乐大本营，深谙娱乐大众精髓的优秀的娱乐主持人之一，不仅具有很强的把控节奏的能力，还具有较高的智商和情商。” 汪涵在主持界的名声同样响亮，“他是个人能力是绝对不输给何炅的机智型主持人，不仅博学多才，而且主持风格鲜明，其临场应变的能力已经变成一段传奇，为人津津乐道。”单从主持人的设置上看，这两人名声的分量就已经足够强大。

此外，十位固定嘉宾林青霞、杨钰莹、朱茵、宁静、蔡少芬、谢娜、赵丽颖、张含韵、古力娜扎、欧阳娜娜全都不是等闲之辈。她们在年龄上横跨60、70、80、90、00后五代，将处在这些年龄段的受众都囊括其中。尤其是林青霞，作为资深公众人物，大牌明星的名声当之无愧。在明星真人秀节目中邀请到大牌明星可以保证稳定的关注度，能打造源源不断的话题，从而满足公众的偷窥欲及好奇心。小明星由于名声等级偏低，可以作为节目中用以调剂气氛的补充。

《偶像来了》一经播出便快速占据热门话题，节目首期就获得了全国网收视率2.26、份额12.66%，排名第1的超高收视。截至2015年8月2日，微博话题＃偶像来了＃阅读人数逼近 7 亿，讨论次数更达 55 万之多，各路女神纷纷登入节目实时热搜榜单。

但是一线明星的资源是有限的，不可能所有的节目都能邀请到他们，因此在节目中由于未能邀请到名声大的一线明星而导致节目不受关注的案例也不少。

2014 年湖北卫视推出了明星恋爱真人秀《如果爱》第一季，未婚男女明星按照节目提前设定的规则和特定情境扮演情侣，力图打造真实、浪漫的偶像剧式的综艺节目。《如果爱》的节目构思还是不错的，所邀请的明星来自中韩两国，拍摄场景横跨两国也很新鲜，但问题就出在第一季所邀请到的明星名声等级不够。男嘉宾孙坚、王阳明、黄灿盛，女嘉宾柳岩、王霏霏、张俪，这 6 位明星没有一位能够在国内名声等级中排入一线。明星的知名度不高，受关注度较小，导致节目的收视率并不理想。

### （二）明星真人秀的成功要素之二：名声话题

名声传播之所以吸引人就在于种种名声的新鲜性和丰富性。明星真人秀节目绝对不是只靠一个明星的名声就能够长久地支撑下去，各个名声的丰富才能保证节目的话题性，源源不绝的话题才是推动节目能够更精彩地进行下去的原动力。

明星真人秀节目为什么会超越电视剧，成为观众娱乐的首选？这是需要思考的问题。比较起来，电视剧结构精巧，节奏控制得宜，且戏剧冲突更强烈，而这些都是明星真人秀的短板，为什么它会后来居上呢？答案就在于明星真人秀的“真实”，这种真实表现在没有剧本、非虚构、手段纪实，迎合了普通人对明星的求知欲、猎奇心、八卦、偷窥他人隐私的心理。明星真人秀的另一个要素是“人”，它是节目的核心与根本。明星们在节目中流露出的人性、人格会对观众产生感染力，这也是名声传播的内涵。这两个要素必须通过“秀”展现出来，因此设计和游戏是必不可少的。这三个要素环环相扣，突出了明星真人秀的三个特征：纪实性、冲突性、游戏性。

明星真人秀的冲突性、游戏性必须由节目中的各种名声追逐、角力形成。以平民真人秀《英国达人》为例，整个节目中的选手 70% 是节目“找”来的，剩下的 30% 从全国各地报名者中海选。而寻找达人的规则是：必须保证有舞者、厨师、胖子、小孩、袖珍人。这一规则的意义在于以选手的差异化构成节目所需要的“戏剧性”，从名声传播的角度来看，这么做的目的是保证名声的代表性和名声在各个人群中的覆盖面。对于明星真人秀来说，各个明星的名声应该是有着鲜明定位的，比如有的节目把明星名声分为颜值担当、综艺担当、人气担当、搞笑担当等。

以东方卫视《极限挑战》为例，它是围绕社会热点和时代背景原创的明星真人秀，节目有几位固定明星——黄渤、孙红雷、黄磊等。在节目播出之前，几位明星的形象宣传片提前亮相，受到网友的好评。孙红雷以霸道的“教父”形象在微博上认领了节目的“颜值担当”。黄磊以“擅长烹饪的明星”名声自认了节目的“厨艺担当”。黄渤以“低颜值高演技的明星”名声自认了“智商担当”。这些虽然是节目前的宣传造势，但随着节目的进展，几位明星确实在导演组的设计中逐渐形成了各自独具特色的名声。

事实上，节目组对明星的选择是经过深思熟虑的，对明星的名声定位是有过预先设想的，但是随着节目的发展，明星实际的名声走向可能会发生变化。但有变化就是好事，因为变化将直接引发节目的话题效应。如今是新媒体时代，改变了媒体说、观众听的局面，进而转变成了媒体说，观众议的状态。既然人人都是媒体，如果节目没有参与性，想火起来是比较难的，而明星真人秀恰恰是观众与节目之间互动最强的节目。明星在节目中的一个异常的举动、一句有争议的话都能激起观众的热议，观众的参与度非常高。明星真人秀的精彩就蕴藏在这些未知的变化之中。

### （三）明星真人秀的成功要素之三：名声的叠加效应

从名声传播角度来说，明星真人秀就是名声与名声互相碰撞，互相借力，互相借光的平台。名声的晕轮效应及传承性的威力太强大了。目前的行情，上一档收视率不错的明星真人秀，受到的关注度可能要大过埋头演10年的戏，这绝对不是危言耸听。据某娱乐节目透露嘉宾参加明星真人秀《奔跑吧兄弟》一期就赚100万元，但钱并不是唯一的收获，名声上的增加才是最具诱惑力的。通过节目名声增大之后，还有可能靠节目表现一鸣惊人跻身一线，那么后续的通告、代言会滚滚而来，此时的酬劳要远远高于参加节目的劳务费。《爸爸去哪儿》第一季中的五个家庭就是最好的例证。

**1. 名声的捆绑与比附营销**

在新媒体时代，名声传播变得急功近利，尤其是在演艺圈，名声的打造借用了很多营销的法则，且都取得了不俗的成绩。名声的捆绑营销指的是刚刚出道的小明星通过捆绑在大明星的身边，直接以高姿态展现自己的个性，进而提升自己名声等级的营销方法。为公众所熟知的“冯女郎”“谋女郎”“星女郎”系列，都是将之前不甚出名的女演员与知名导演捆绑起来提升女演员名声的。

比如，《偶像来了》里面几个名声等级明显较低的明星由于和林青霞一起参加了节目，名声逐渐上升，分别冲上新浪微博名人热搜榜前五名。张含韵在节目中化身贴心姐妹、自黑能手和游戏猛将，也收获了不少好评。甚至不仅是明星与明星名声的捆绑能够产生 1+1 ＞ 2 的效果，明星的子女、父母都能够经由名声的捆绑为明星真人秀节目本身的名声增加热度。

名声的比附营销指的是以竞争者的名声为参照物，通过各种方法与同行中的知名名声建立一种内在联系，借名声的晕轮效应使自己的名声为受众所熟知。

湖南卫视《爸爸去哪儿》第一季自 2013 年 10 月份推出以后，收视率稳步攀升。据央视索福瑞数据显示，其全国网收视率从第一期的 1.1 上升到第 10 期的 3.21，而且其每期节目都在同时段节目排名中占据榜首。可以说《爸爸去哪儿》在节目的进行中已经积攒了中国第一档明星亲子户外真人秀的头号名声，也收获了亲子互动、团队合作、教育孩子等众多充满正能量的好评。于是 2014 年 4 月浙江卫视也推出了一档名为《爸爸回来了》的明星真人秀节目。在节目中，明星爸爸与孩子的家庭互动被如实呈现。《爸爸回来了》同样取得了良好的收视成绩，基本占据着周四晚间非黄金档收视前列的位置，每期节目在搜狐视频上的点击率基本保持在1000万以上。

两档节目名字的相似度（都与爸爸有关）与恰到好处的差异性（一个提问"去哪儿"，另一个回答"回来"），还有节目性质的差异性（一个主推"户外"，另一个聚焦"家庭日常"），都呈现了一个完美的名声比附营销的案例。

**2. 明星"洗白"名声及宣传作品名声**

"洗白"是最近流行起来的网络用语，最初指观众们在看小说或是影视作品时的一种观感——作品主创人员故意以各种手法误导观者，使观者将某正面角色误认为反面角色。然后随着剧情的发展，将此角色之前貌似反派的行为合理解释说明，从而得到观众的正面认可——角色表面的黑色被洗去，露出原本的白色，就是"洗白"。在名声传播中，洗白就是指明星的幕后团队采用一系列手段为那些名声较差的明星努力增加受众正面评价的行为。

在分析明星真人秀节目的特点时，谈到了"人"这个要素，明星也好，普通大众也好，最终打动人心的是节目里面展现出的真实的人性与人格，而人性的真善美是放之四海而皆准的追求目标。应该说由于政策性引导，我国的明星真人秀节目都在深入生活，温润心灵，传递积极向上的价值观方面下了苦功，基本包含了追求真善美的元素，因此特别适合明星在节目中施展自己的美德。纵观近年来的真人秀，脾气好、情商高、爱逗趣、贤惠大气等，都能成为被观众喜爱的理由，所以有很多观众会因为真人秀节目对某些原本不喜欢的明星有所改观。

比较典型的案例是古力娜扎与陈赫。古力娜扎作为新生代美女明星，虽然外形靓丽，却被众多负面新闻缠身，名声很差。为了今后的事业发展，"洗白"名声的确迫在眉睫。与林青霞等人一起上《偶像来了》，在节目中真情流露能够在一定程度上为她争取不少的同情分。

当然，洗白名声之路绝对不是一蹴而就的，古力娜扎在节目中的哭泣也招致了部分观众新一波的责难，批评她"虚伪、情商低"，显然这种效果并不是她的幕后团队所期望的。但这更证明了研究名声传播的必要性，比如如何有效地实现好坏名声的转换、好坏名声转换的周期究竟是多少等。比较幸运的则是陈赫，虽然被新闻揭露了出轨劣迹，名声受到损害，但他仍然凭借着“跑男第二季”的出色表现重新获得了不少演艺圈的资源。

明星还有宣传自己最新作品名声的需求。对于一些即将要播映的唱片、电影、电视剧来说，它们希望借助电视这一最有影响力的媒体进行宣传和促销，这时惯常的做法是选择一些有影响、收视率高的电视栏目，让相关主创人员到电视台做节目，而明星真人秀节目则是目前不错的选择。电视台对此也是求之不得的，因为受娱乐化的影响，各电视台除了新闻类以外的几乎所有节目都在请明星为自己造势。电视台借助明星及其作品做出了有影响力的节目，收视率增加也带来广告的增加，制片方则通过电视台免费地为影视作品名声进行了宣传，形成了双赢。比如，2015 年 3 月 9 日《奔跑吧，兄弟》第二季在成都进行录制，范冰冰、韩庚加盟第一期，这是因为他俩的电影《万物生长》4 月 17 日将要上映；2015 年 3 月 11 日黄晓明变身黑衣人参加录制《奔跑吧，兄弟》，因为他的电影《何以笙箫默》4 月 30 日将要上映。

此外，就算没有最新作品，明星仍然可以以自身优势量身定做一档真人秀节目增加曝光度保持名声不下降，比如，谢霆锋所在公司英皇娱乐与浙江卫视合作的《十二道锋味》。该节目是 80 后影帝谢霆锋的专属美食节目，每一季拍摄十二集，推荐十二道“锋味”。每一集分别邀请一位明星同他走访世界各地寻找美食，还有美食背后的故事。比起影视剧从拍摄到上映的超长周期，一档真人秀节目基本就能保证每周的曝光度。

**3. 广告对名声的追逐**

明星真人秀节目的名声广受欢迎，为该节目冠名的广告赞助商就能够搭上名声的顺风车进一步提升自己品牌的名声。

以《爸爸去哪儿》第一季的冠名赞助商华润三九为例，2013 年 12 月 10 日华润三九在深交所互动易上披露的《投资者关系活动记录表》中透露，今年感冒药品类整体增速不高，华润三九的感冒系列产品高于行业平均增速。

《爸爸去哪儿》节目的热播使“999”品牌“为爱专注，为家守护”的形象更加深入人心，将对公司品牌传播产生长远的影响。

由于《爸爸去哪儿》节目本身与999感冒药的品牌关联性比较强，因而随着节目的热播双方名声都好评如潮。《爸爸去哪儿》的主题是“关爱”“家庭温暖”，这与999感冒灵近年来谋划的品牌名声“温馨”“关怀”不谋而合。双方的合作可谓天时地利人和，节目拍摄后期正好进入冬季感冒多发时期，999感冒药刚好计划在这时加大品牌记忆度和辨识度的营销投放，于是双方一拍即合。尽管由于一些客观原因导致华润三九在节目前几集品牌出现率不高，但这并不影响节目高收视率给其带来的品牌声誉，反而大力拉动了终端销售量。高收视率的明星真人秀节目成功地提升了赞助商品牌的知名度、美誉度，赞助商在业界名声变得更好，更受到消费者信任。

《爸爸去哪儿》第一季与华润三九的合作费用在5000万以内，第二季就飙升到了3.12亿元，获得独家冠名权的伊利以其天价刷新了中国电视节目最高冠名纪录。除伊利3.12亿元的冠名费外，三家特约合作伙伴的中标费总额达到1.7098亿。广告赞助商们非常精明，借由品牌的良好名声获得巨额盈利是一笔划算的买卖。

## 三、电视人物访谈节目中的名声传播

电视人物访谈类节目是通过主持人和嘉宾一对一的直接交流，围绕中心人物展开谈话的一种电视节目形态。通过对社会各个领域的“人”的访问来展现人物的人生经历、性格特点、思想感情，进而提炼出人生哲理来影响和启迪受众。电视人物访谈类节目能够挖掘人性中的真善美，在进行名声传播的同时彰显人文精神。

电视人物访谈类节目以“人”为看点，借助反映人间百态的故事来吸引观众。从名声传播的角度，大致可以把人物访谈类节目分为传播新闻人物名声的新闻人物访谈节目和传播名人名声的名人访谈节目。在当前的电视屏幕中，以名人访谈节目为主打，包括演艺明星类访谈节目，政企精英类访谈节目，文化名人类访谈节目，等等。以《面对面》为代表的新闻人物访谈节目虽然在数量上不占优势，但却具有新闻性、权威性、关注度、影响力，因为能够进入《面对面》的人物都是重量级的，他们中有新闻事件中的焦点人物，有新闻话题中的权威人物，有时代变革中的风云人物，有备受关注的公众人物。当然在实际节目中，新闻人物和名人的范围有时是重合的。

### （一）放大受访者的名声

尽管在电视人物访谈节目中，主持人占据了重要的主导地位，他控制着节目中的话题、结构、节奏，但是受访者才是真正的主角，一切的铺垫都在着力凸显受访者的主体地位。对于受访者的主体地位的强调，极大地放大了受访者的名声。电视人物访谈节目对受访者名声的放大是通过以下三个层次达到的：第一，通过受访者自己讲述的故事展现其经历和个性，满足受众的好奇心；第二，受众进入受访者内心世界，剖析其内在心理的成因和人格形成的复杂性；第三，主持人引导受访者和受众一同探寻内心世界与外部世界的联系，寻找人物与时代发展的脉动，发现人物命运与时代背景的合拍或错位、引领或失落，从而引发大家对人生况味的共鸣，激发人们内心世界的回响。

电视人物访谈节目的中心则始终是“人”，它通过电视媒介直接展现一对一的谈话现场，具有强烈的真实感和现场感染力。由于它兼具人际传播和大众传播的优势，因此对于受访者名声的放大具有极强的作用。

以成龙为例，他的名声是敢打敢拼、在好莱坞闯出名堂的中国电影动作明星。他是能确保明星类访谈节目收视率的人物，也是娱乐新闻追逐的焦点，但是新闻人物访谈节目《面对面》以他为选题同样做出了一期精彩的节目。2003年成龙当选了“感动中国”年度人物，《面对面》立即从新闻的角度切入，将成龙作为“动作明星”的名声放在了次要的位置，反而重点突出了他为慈善事业所作的努力。在访谈中，成龙第一次向新闻媒体详细地谈及了他所进行的慈善事业，这完全颠覆了他以往给受众留下的明星印象，从而成就了他

“真心做慈善”的名声。《面对面》以丰富受访者名声内涵的方式进一步放大了受访者的名声。

电视如同放大镜，慷慨地给予名人名声特殊的关注。电视上播放着名人的影视作品、MTV，参加的赛事，以他们为主要表现对象的文章配上精彩的图像和音乐，包括人物访谈节目在内的各种节目竭尽全力对他们的事业和生活进行着全方位、多角度的报道。这些种种，为他们打造出一个完整的电视名声圈。

### （二）澄清对受访者名声的误解

一个人的名声是误解的综合。这就是说，名声中难免有被误解的成分，如果这些被误解的成分是负面的，那么就有必要去进行澄清。以名人访谈节目为例，它的存在主要就是为了满足受众对名人多方面了解的渴望。这种渴望是普通的新闻报道所不能满足的。受众更希望得到一个与名人面对面平等交流的空间，名人对电视机前的观众就像他们对朋友聊天一样敞开心扉，气氛亲切而自然，电视名人访谈节目恰好利用了各种手段达到了这一要求。在节目中，受众对每一位名人完成了从了解到理解的心理过程。

同时，电视名人访谈节目也能满足名人本身的两个需求：一是倾诉，二是表现。“倾诉”是名人作为普通人的需求，与个人相关联；“表现”是名人作为明星的需求，与公众相关联。电视本是一个公众领域，谈话则是私人之间的惯常行为；电视谈话节目将两者有机结合起来，恰到好处地满足了名人的双重需求。面对那些需要澄清的误解，名人通过倾诉与表现使受众得以理解，从而在一定程度上消除误解的负面影响。

2012 年 10 月 11 日，中国作家莫言通过魔幻现实主义将民间故事、历史与当代社会融合在一起，获得了诺贝尔文学奖。诺贝尔文学奖本身是一个国际性奖项，在大众心中具有很高的地位，“首个获得诺贝尔文学奖的中国籍作家”这一名声让“莫言”两个字在一夜之间被全国、全世界知晓。据 2012 品牌中国年度人物评选结果，莫言、罗阳、林毅夫、陈一冰、孙明波、王景海、雷军、李惠森、花欣、王凯荣膺“2012品牌中国年度人物”。在名声传播看来，媒体对莫言的名声塑造分为两个部分：一是作为公众人物的部分，莫言的名声表现为著名小说家，20年来保持着旺盛的创作力，非常高产；作品风格既有魔幻现实主义的色彩，又有山东高密的地域特色。二是作为普通人物的部分，莫言的名声表现为朴实、低调，他私下里爱吃饺子、爱讲故事，很接地气。品牌中国认为，莫言的获奖成了中国文化品牌走出去的里程碑，也在全球范围内提升了中国国家品牌形象，为中国文化赢得全球尊敬。

莫言的名声发生了从文学界的专业名声扩展至大众性普遍名声的变化，他从原来只在文学界闪光的名人变成了如今被普通百姓街知巷闻的名人，不但是国家名人，也成为国际名人。从量化的角度看，他的名声等级也得到了很大提升。但是获奖后的莫言也不得不背负名声变大给他带来的压力和困扰。有人质疑诺贝尔文学奖的含金量，认为它是西方的政治工具；有人利用莫言的名声进行旅游营销。莫言对此有着清醒的认识，在不得不接受一些重要媒体的采访时，他多次袒露了自己惶恐、渴望低调的内心世界。央视访谈节目《面对面》在2012年对莫言进行了采访，在节目中，主持人问他获奖后是否幸福，他说：“我不知道。因为我从来不考虑这个问题。幸福就是什么都不想、一切都放下、身体健康、精神没有任何压力才是幸福的。我现在压力很大，忧虑重重能幸福吗？但是我要说我不幸福，你说你就太装了吧，刚获诺贝尔奖就不幸福，是吧？”主持人继续追问：“您最希望的一种状态是什么？”他笑说：“结束采访。”

莫言对待名声的态度真实地反映了中国一部分作家的名声观。在注意力经济盛行的今天，的确有很多作家对文学奖趋之若骛，尤其是在20世纪，一个作家如果得了具有高知名度的奖项，就能够改变命运。21世纪以来，文学奖失去了以前那么大的颠覆性，但还是具有财富收入和地位提升的吸引力。而莫言却属于不醉心名利的那种作家，他更推崇中国传统作家的“淡泊明志、宁静致远”。电视访谈节目为他澄清了某些人认为“他写作是为了追名逐利”的误解。

当然，在电视人物访谈节目中受访者的表现究竟是真实的人生还是另一场表演，这也是学术界关注的问题。现在屏幕上的受访者大多数是“名人”，一方面，电视的包装进一步放大了他们的知名度；另一方面，由于电视人物访谈节目的特殊性，又要求他们“回归平凡”，讲述作为一个普通人的人生经验和心路历程；所以在电视人物访谈节目中，这些受访者的角色扮演就显得更为复杂、有趣。节目的意图和使命是让受访者说出真话，但是节目中实际运用的一些“独家资料”“惊喜”又充满了人为的戏剧性色彩，让受访者不免掉入被“设计”的圈套，在访谈现场不自觉地参与了又一次“演出”。如果那些希望在节目中表现自己“预设特质”的嘉宾适当地利用了这些因素，就能够在满足电视制作者的预期节目效果的同时，达到维护自己名声的目的。

# 第四节

# 网络名声传播新动态

新媒体时代下，网络是名声传播的新阵地。名声传播无处不在，并混迹在各个传播形式之中。那么网络世界的名声传播又呈现出怎样的新现象与新特点呢?

## 一、新的受众态度：外化、直接

互联网集合了人际传播、群体传播、组织传播、大众传播等多种传播形态，对名声传播来说，凭借它不仅能够在全社会范围内公开地进行开放性的大众传播，只要利用相关社交平台也可以进行“点对点”的人际传播。高度的交互性使名声传播能够保持高度的信息流动性与接收、传播方式的灵活性。

当然，这一系列的优势也扩大了名声传播的自由度。对于自由度，应该从两个方面来理解，一是它增加了个体自由表达个人对不同名声信息观点的民主程度；二是它也增加了个体基于不同的目的随心所欲传播名声信息的“不实”风险。因此，面对复杂的现象与形态，新媒体时代研究名声传播的任务比以往更艰巨。

新媒体铸就了大众的文化狂欢，网民在面对残酷现实、离奇事件所感受到的无力、愤怒、新奇促使他们的创造性与日俱增。这突出表现在网民对网络语言的不断创造之上。20 世纪 90 年代中期互联网进入中国，网络语言便逐渐发展起来。网络语言的早期表现手段是英语单词的缩写或者标点符号的表情。之后逐渐发展为一些比较单纯的、娱乐化的谐音字或者是与汉字谐音的英文字母、数字，比如斑竹、MM、伊妹儿、蟋蟀等。当时的网络语言的作用主要在于方便网友提高输入速度、传达一些戏谑之情。到了新千年，面对稀奇古怪的新社会现象，传统的语言范式过于拘谨和狭隘，一些敏感内容不易发表，为了更为自由地表情达意，网民们开始利用自己的智慧与汉字的魅力来制造新词、命名事件赋予新意。网络语言的革新体现其文化符号的意义更深刻。网络语言是否能够流行取决于一种自然的选择机制。如今，网民们为社会创造了一种面对名声传播时新的受众态度形式。

不同于传统媒体时代大部分受众的含蓄、内敛，网络的隐匿性为个人意见的表达和情感的宣泄提供了合适的语境空间，新媒体时代网民们更加倾向于开放式地明确地表达自己的态度。面对网络世界中形形色色的名声信息，网民们创造出了新的网络词汇来表达喜欢、支持或者嫌恶、破坏。

粉，出自百度贴吧中的流行用语，就是粉丝，它意味着关注、支持、喜爱某名声承载者。与之相反的是黑，则有攻击的含义，表示不支持甚至诋毁某名声承载者。粉转黑则是指本来很喜欢某个名声承载者，但是后来由于一件或者几件事不喜欢了，还去指责或者攻击他（她）。黑转粉则与之相反。在价值观多元化的新媒体时代，粉与黑的相互转化也是一切皆有可能。

黑与粉两极化的表达方式还不足以精确表达网民对待名声的态度，于是“路人”又被创造出来，用以表达对某名声承载者的不喜欢也不讨厌，是比较漠视、冷眼旁观的态度。

另外，在黑与粉的基础之上衍生出新的词汇“黑粉”。不同于黑、粉的名词动用，黑粉是一个名词，指反对某名声承载者的人。该词汇诞生于选秀类节目，各粉丝团为支持自己喜欢的名声承载者不惜与其他粉丝团进行骂战，黑粉的作用在于恶意抹黑。粉丝用放大镜关注某名声承载者最闪亮的地方，而黑粉用显微镜关注其缺点和不足。面对某名声承载者的努力与成就，粉丝会欣赏，而黑粉则会轻视。但从名声传播的角度看，粉丝和黑粉的本质其实是相同的，都是对名声信息特别敏感的一群人。二者面对名声信息的所作所为都是在替某名声承载者做免费宣传，甚至在某些情况下黑粉的宣传效果更为明显。越骂越红、越红越骂竟然是目前网络名声传播中的一个自然状态。

在黑粉的基础之上还衍生了另一个新词——高端黑粉，主要指网络上的这样一群人——行为是打着“挚爱”“最爱”的幌子，但却故意说一些会引起粉丝内乱、招致路人反感的话；或者有意在帖子或者评论中抹黑其他名声承载者来抬举自己喜爱的名声承载者。

总的来说，网络中名声传播受众的态度形式是明确而直接的，反映出的感情也很浓烈。这一套形式能够脱胎于网络而接受于现实，是由于网民对名声信息的敏感，网民们的互动行为增强了个体行为的影响。以“芙蓉姐姐”为例，她个性张扬的名声通过网络不断被放大，人们对其追捧或者讥讽的结果就是使之越来越具有某种符号性意义，从而在网络文化中占据一席之地。网络名声传播使个体行为能量得到最大程度的聚合，直接孕育了粉丝群体文化。网络名声传播新的受众态度形式表现出了网民对于名声的公开追求和自由言说权利的渴望，以及执着表达草根阶层价值理念的热情。

## 二、新的名声形态——网红

2015 年 12 月，《咬文嚼字》杂志发布 2015 年度“十大流行语”，网红排第九。网红，即网络红人的简称，指发生现实或者网络中的某事件或者行为由于具有夺人眼球的吸引力而被网民关注，进而在网上获得较高知名度的主体。网民从审美或者审丑的角度，在娱乐、刺激、窥视、臆度以及旁观等心理综合作用下，共同利用网络把这些主体的某种特质放大成为一种新的名声类型。新媒体环境、网络推手和网民心理需求等利益共同体的合力催生了网红的产生。

网红的名声首先形成于某个网上论坛。网络虚拟空间中的论坛跟现实中的人群聚集有着某些相似之处——都集中了一部分人的注意力。这些有一定程度匿名性的人在网上存在着进行名声传播的动机和能力，网上的论坛也就具有了古斯塔夫·勒庞所说的“乌合之众”的某些条件与性质。一旦具备一定的引爆点，那么某网红的名声将会以燎原之势从论坛蔓延至整个网络。网红的名声类型分为三种：

一是负面名声类。早期的“身体写作者”，她们以文字或图片的方式曝光自己的“性爱日记”、展现自己裸露的身体，通过明显有悖于传统道德的异常方式来吸引网民的眼球，满足一部分人的“窥私欲”而在网上走红。随着网络的发展，这类网红对伦理道德底线的挑战越来越盛，有的刻意制造“耸人听闻”的话题，有的极尽恶俗之能事，有的炫富，有的拼爹，有的语不惊人誓不休，有的拼颜值。这类网红给社会传递了负能量，出的就是“恶名”“臭名”。

二是中性名声类。这些人或物在网络上的表现比较“另类”，如被别人恶搞的小胖、无意中被发现的“犀利哥”等，他们满足了网民猎奇、戏谑、搞笑等心态和欲望。

三是正面名声类。这是2015年以来涌现出的新网红类型，他们不再仅仅具有“高颜值”，更具有“高尚的情操”和“实力”。比如文青网红的代表苏炳添，学霸网红的代表柯洁。2020年，在抗击新冠肺炎疫情期间，一大批抗疫群英成为新的“网红”。其中，独占鳌头的是年逾八十的中国工程院院士钟南山，从在火车餐车研究疫情到明确宣布“人传人”，再到及时发布最新研究成果，他的一举一动都备受关注，被称为“国士”；还有国家卫健委高级别专家组成员、中国工程院院士李兰娟，《战狼》女医生原型、中国工程院院士陈薇等。人们崇拜抗疫一线的奉献者，并用一个个务实的善举加以呼应。这些“新网红”的崛起为青少年树立了崇尚实干兴邦、乐于奉献的新名声观。这些正面名声类网红的产生表明青年人爱美的渴望越来越强烈，对美好名声的追求越来越务实和理性。正面名声类的“网红”成功地扭转了之前网民心目中网红只是靠“PS图片”，晒“奢华”走红的偏见，充满了“正能量”，有力地驱散了曾被人们所担忧的拜金主义侵扰下的“喧嚣泡沫”。

网红的名声传播在青年人中比较普及，也会对青年人的价值观产生影响，因此对网红名声传播的研究显得更为必要。不同类型的网红名声虽然都能够吸引不同的注意力，但负面网红名声和中性网红名声是缺乏实际影响力的，因此被称为娱乐化侵袭下的“喧嚣泡沫”。

## 三、网红名声传播的自媒体化

新媒体为一切事物提供了多种可能性，2016年3月，《互联网周刊》发布了2015年中国网红排行榜，排出了Top50。网红们在社交媒体的口碑、创作力、影响力三个因素的综合成为了该排行榜产生的标准。占据榜首前三名的分别是王思聪、Papi酱、天才小熊猫。

“网红”这一名声背后所代表的意义已经悄然起了变化，从原来的暗含贬义变成了中性。原本人们不会用“网红”来形容的优秀人物，比如漫画作者“伟大的安妮”、电影点评视频作者谷阿莫等，都成了新一代的“网红”。他们是利用新媒体获取高知名度的成功者，是网络上极具人气的个体。

“网红”已经突破了颜值至上的刻板成见，创作力的高低变成了衡量网红地位的重要评分项。Papi酱的走红就是一个鲜明的例子，这个中央戏剧学院导演系的学生利用微博上的段子和gif、小咖秀短视频以及系列秒拍视频“台湾腔＋东北话”“上海话＋英语话”等迅速走红。截至2016年3月23日，她的微博粉丝已超800万，微信公众号文章的阅读量几乎篇篇10万以上。Papi酱刷新了人们对网红的认知，新一代的网红靠美貌获取关注已经过时，显示才华才是硬道理。网红的才华也具有多样化属性，编段子、画漫画、拍视频都有用武之地。

“网红”已经不仅仅是一种名声，更体现了网民喜好的风向标。网红名声传播中独特的个性、特色的语言风格、新颖的社交媒体内容在一定程度上体现了他们管理自己媒介形象的能力，要够独特，够专业，够有亲和力才会受欢迎。网红名声传播的新趋势是包装自己、塑造自己，让自己有别于同类脱颖而出。

这种新趋势是建立在自媒体的兴起与蓬勃发展之上的。自媒体的发展历程经过了 2005 年的博客——2009 年的微博——2011 年的微信——2012 年的微信公众平台——2013 年短视频平台五个阶段。微信公众号细分为服务号、订阅号、企业号三大类型中，不同类型提供不同的服务。在微信公众号中存在着大量的个人自媒体，用户包括那些以成为网红为目标的网友们。

2013—2015 年，以秒拍、小咖秀和美拍为起点，短视频平台进入公众视野；2017 年至今，抖音后来者居上，独占短视频类 APP 下载量的榜首，从此短视频自媒体逐渐占据着人们生活。主播李佳琦凭借抖音短视频营销成为新晋“网红”。他的网红名声是“口红一哥”。2017 年 12 月，李佳琦入驻抖音，在没有任何推广的情况下，两个月时间里，李佳琦抖音涨粉 1300 万。在抖音上，李佳琦将口红视频细分，用醒目的提示框给每一个视频贴上标签，在内容上李佳琦只推荐口红。2019 年 1 月 2 日，他发了一条名为《新年必抢口红，这款你一定要买！》的视频，该视频点赞数达到了 122 万，这是他首个破百万赞的视频。2019 年 3 月，在《克劳锐自媒体价值排行榜》上李佳琦强势夺冠。

网红名声传播的自媒体化有三大突破：一、传统观点里名声承载者无法左右自己的名声这一规律被打破。网红们为了尽可能地扩大自己的名声，对自己的名声有着清楚的定位，并且能够按照这一定位进行自我包装。二、传统成名机制中的非常重要的中介环节，比如记者的新闻报道，被消解。网红名声传播成功地去除了曾经被认为必不可少的中介环节，由多级传播直接进入一级传播。这不仅是名声传播的捷径，还由此减少了名声信息的冗余，降低了受众对名声信息误读的程度。三、传统的名声传播中占据重要地位的意见领袖也逐渐降低了原来的重要性。自媒体让名声信息直达受众，以更直接的人际传播方式进行传播，其传播效果更为良好。

## 四、网红名声传播的社会接纳

社会接纳是指人类社会在承认万物皆有差别和互有不足的前提下接纳他人或者他物。社会接纳程度体现了人类社会对某主体的认可程度。网红名声传播的社会接纳程度表现在它经历了从被歧视到逐渐被正名的两个阶段。

网红名声传播的被歧视阶段主要体现在负面网红名声和中性网红名声集中出现的时期。这一阶段网红名声传播的社会接纳程度不高，受众在提到这些网红时普遍所持的态度是猎奇、讽刺、戏谑、搞笑。主流媒体也基本无视这一阶段的网红，他们的“兴风作浪”也不能进入主流媒体的议程设置之中。2009 年中国互联网经济论坛第一次设立“网络红人评选”环节，主办方试图把奖颁给芙蓉姐姐，却遇到很大阻力。由于当年的颁奖典礼设在北京大学百年讲堂，北大曾经一度拒绝让“芙蓉姐姐”上台演讲。这一阶段的网红名声传播被认为是难登大雅之堂的。

但是这一切在正面网红名声出现后，发生了质的飞跃。随着正面网红名声传播的兴起，网红名声传播的社会接纳程度极大提高，已经进入逐渐被正名的阶段。

2016 年 3 月 31 日人民网舆情监测室发布了一篇题为《震惊！ Papi 酱的美貌才华接连攻占〈人民日报〉〈泰晤士报〉》的文章，文章敏锐地观察到，Papi 酱现象震惊了互联网业界，并引起国内外主流媒体的注意。3 月 31 日，《人民日报》（文教周刊）刊发《“网红经济”，昙花一现还是未来趋势》，全文以 3000 字的篇幅围绕网红现象与经济进行了深入解剖。主流媒体对网红经济的关注说明了官方对网红经济的重视及认可。从名声传播的角度来看，它是从经济角度对网红名声传播的正名。网红不仅是当下中国互联网业最热门的资产之一，也是经济创业的一部分，它将成为一个新的就业渠道。

事实证明确实如此，从 2015 年发展至今，网红名声传播的经济价值已经发展到 4.0 时代即自媒体时代。以李佳琦、薇娅、李子柒等为代表的网红层出不穷，直播电商等新业态高速崛起，行业销售记录不断被打破，产业链商业模式日渐清晰，其涵盖广告营销、直播打赏 / 虚拟礼物、知识付费等多元结构。网红经济的快速崛起甚至变革已重构了传统商业逻辑，使其成为数字经济时代的重要经济形态。

2020 年 4 月 6 日，央视新闻和李佳琦共同推出“谢谢你为湖北拼单”的直播，新闻主播朱广权和李佳琦通过网上连线的方式带货。朱广权出其不意的押韵打油诗让“小朱配琦”这个临时卖货组合登上了当晚微博热搜的第一。截至 7 日凌晨，# 朱广权李佳琦直播 # 的话题有了 1.2 亿的阅读量。据李佳琦团队官方公布的数据，整场公益直播卖出了 66 万单湖北商品。2300 万元的总成交额，也为那些举步维艰的湖北企业暂时解决了现金流之忧。公益活动与网红名声传播的结合是目前网红经济发展的新趋势，它突显出了社交互动性强、精准触达目标群体、高效转化等特点。

对网红名声传播的正名不仅仅表现在经济层面，还表现在社会层面。网红并不是中国独有的产物，在国际社会中也有它的身影，甚至出现得更早。著名物理学家史蒂芬·霍金 2016 年 4 月 12 日开通官方认证微博，希望通过社交媒体与网友交流，分享生活趣事。霍金开微博之后 5 小时吸粉过百万，24 小时过 200 万，被誉为新一代网红。研究者犀利表示：网红可以成为中国互联网 + 的一个闪光点，但不可以成为重心。因为推动社会进步的根本力量始终是那些可以改变整个社会组织架构和生产方式的创新和创造。知识和科技必将碾压娱乐。

主流媒体也从道德层面回应了网红名声传播对社会带来的冲击，当一位小学三年级女生以网红作为未来的理想时，《人民日报》表示网红的发展不但要遵循其内在发展逻辑，还取决于它在社会精神文化领域的角色定位，因此需要及时的道德校准和净化。

2018 年 1 月 10 日，人民网－人民电视制作了短视频《致敬！科技领域的这些“网红”》，细数了杂交水稻之父袁隆平、世界著名数学家吴文俊、著名遗传学家李振声的名声……2020 年初的新冠疫情，让人们更加真切地了解到了谁才是这个时代真正的偶像。钟南山、张文宏等新时代的“网红”既展现了人性的真实和真诚，又体现了国家栋梁的专业和价值。

第七章

# 个案研究：《中国公益组织名声传播调查问卷》分析报告

## 一、问题的提出

近年中国公益组织成长迅速，已成为推动我国社会发展一股不容忽视的力量。让公益成为生活的常态已成为大家的共同心声，公益组织的健康发展需要与社会的有效资源对接，并得到公众的持续关注。那么，中国公益组织的名声究竟怎么样？哪些组织在公众中的名声最大？影响中国公益组织名声的因素究竟有哪些？为了回答这些问题，笔者制作了《中国公益组织名声传播调查问卷》，以期通过数据为中国公益组织在名声方面进行改进提供依据，为相关组织提供参考。

## 二、调查方法

调查工具为自编的《中国公益组织名声传播调查问卷》，14 个条目涉及传播平台、熟悉程度、看法、态度等内容，采用了定量分析方法。报告数据收集和分析主要采用了通过问卷网（https://www.wenjuan.com/s/MR7vqm/）在线链接问卷调查和线下调查相结合的方式进行。样本也采用了科学的研究方法，确定了样本的数量，具有一定的可靠性和真实性。

## 三、调查样本特征

（一）调查时间：2016 年 1 月 18 日至 2016 年 2 月 18 日。

（二）样本数量：共确定有效样本 357 份。网上访问人数 385 人，网上有效问卷 308 份，回收率 80%。线下共发放 80 份，收回 49 份，问卷回收率为 61.25%。

## 四、调查结果

Q1：您的身份是？

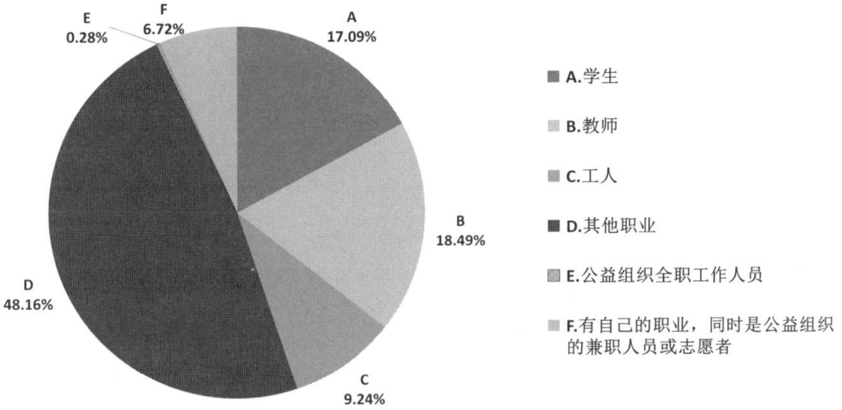


图 7-1　受访人员职业调查结果统计图

表 7-1　受访人员职业调查结果统计表

| 答案选项 | 回复情况 |
|---|---|
| A 学生 | 61 |
| B 教师 | 66 |
| C 工人 | 33 |
| D 其他职业 | 172 |
| E 公益组织全职工作人员 | 1 |
| F 有自己的职业，同时是公益组织的兼职人员或志愿者 | 24 |

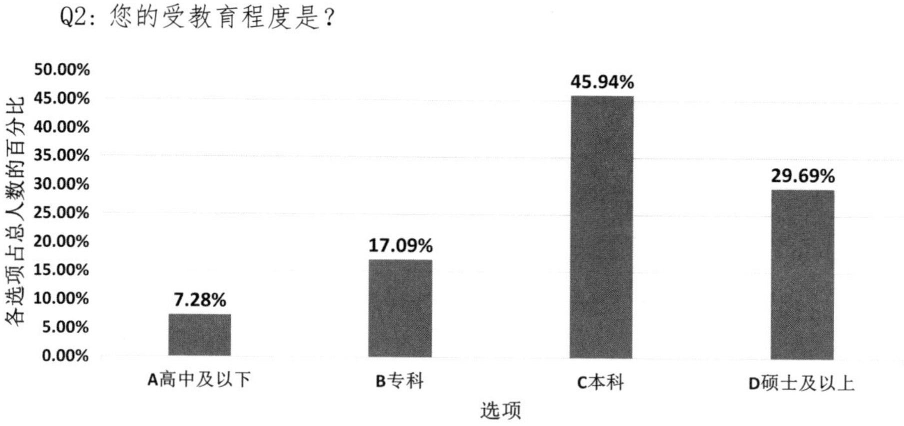


图 7-2 受访人员教育程度调查结果统计图

表 7-2 受访人员教育程度调查结果统计表

| 答案选项 | 回复情况 |
| --- | --- |
| A 高中及以下 | 26 |
| B 专科 | 61 |
| C 本科 | 164 |
| D 硕士及以上 | 106 |

Q3：您了解公益组织吗？

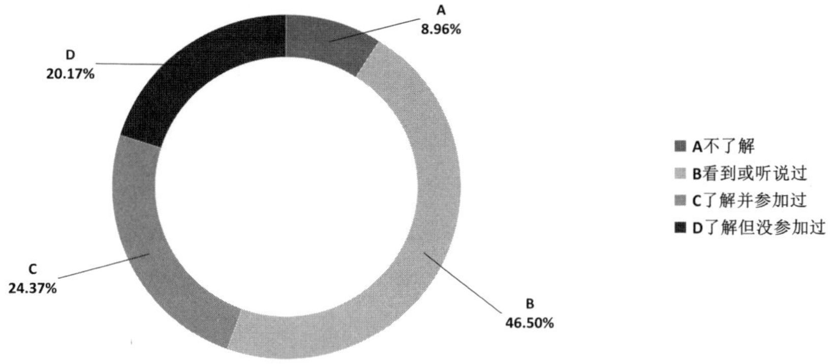


图 7-3 受访人员对公益组织了解程度调查结果统计图

表 7-3 受访人员对公益组织了解程度调查结果统计表

| 答案选项 | 回复情况 |
|---|---|
| A 不了解 | 32 |
| B 看到或听说过 | 166 |
| C 了解并参加过 | 87 |
| D 了解但没参加过 | 72 |

Q4：您是通过哪些平台了解公益组织的？（可多选）

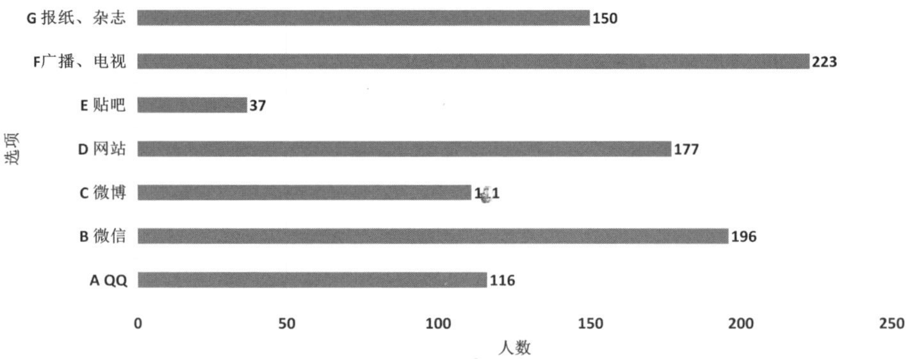


图 7-4 受访人员了解公益组织所用平台调查结果统计图

表 7-4 受访人员了解公益组织所用平台调查结果统计表

| 答案选项 | 回复情况 |
|---|---|
| A QQ | 116 |
| B 微信 | 196 |
| C 微博 | 111 |
| D 网站 | 177 |
| E 贴吧 | 37 |
| F 广播、电视 | 223 |
| G 报纸、杂志 | 150 |

Q5：请根据您对以下公益组织的熟悉程度打分。

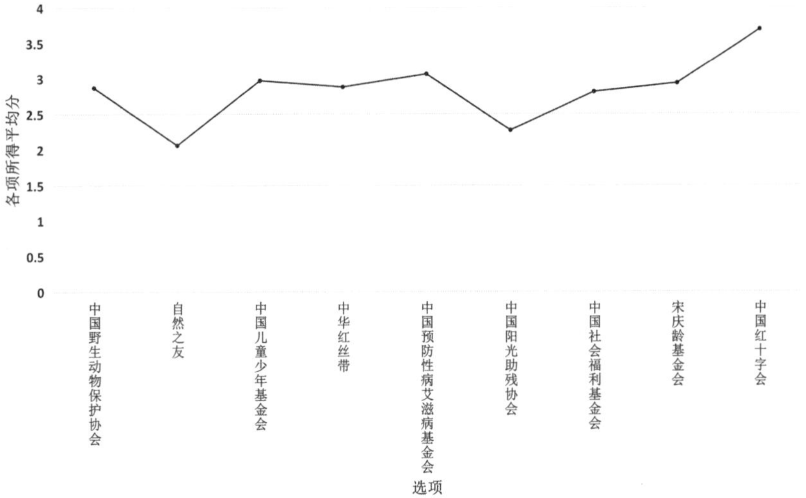


图 7-5　受访人员对各大公益组织了解程度所打分数的平均分统计图

表 7-5　受访人员对各大公益组织了解程度调查结果统计表

| | 1 分 | 2 分 | 3 分 | 4 分 | 5 分 | 平均分数 |
|---|---|---|---|---|---|---|
| A 中国野生动物保护协会 | 91 | 55 | 87 | 56 | 68 | 2.87 |
| B 自然之友 | 181 | 63 | 52 | 34 | 27 | 2.06 |
| C 中国儿童少年基金会 | 90 | 45 | 82 | 65 | 75 | 2.97 |
| D 中华红丝带 | 106 | 40 | 73 | 68 | 70 | 2.88 |
| E 中国预防性病艾滋病基金会 | 85 | 46 | 76 | 63 | 87 | 3.06 |
| F 中国阳光助残协会 | 152 | 66 | 66 | 35 | 38 | 2.27 |
| G 中国社会福利基金会 | 103 | 52 | 80 | 54 | 68 | 2.81 |
| H 宋庆龄基金会 | 92 | 59 | 70 | 53 | 83 | 2.93 |
| I 中国红十字会 | 45 | 38 | 49 | 75 | 150 | 3.69 |

Q6：您对中国现今公益组织的看法是？

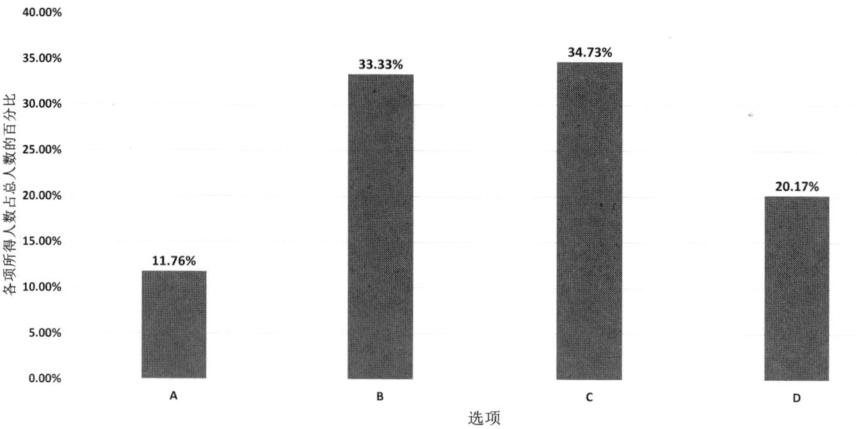


图 7-6 受访人员对中国现今公益组织的看法调查结果统计图

表 7-6 受访人员对中国现今公益组织的看法调查结果统计表

| 答案选项 | 回复情况 |
|---|---|
| A 组织得很好，能真正且有效地帮助他人 | 42 |
| B 组织得一般，基本上能够帮助他人解决问题 | 119 |
| C 非常没有公信力，阻碍了老百姓参与公益的积极性 | 124 |
| D 组织得不太好，效率不高 | 72 |

Q7：您是否听说过关于中国公益组织的丑闻？

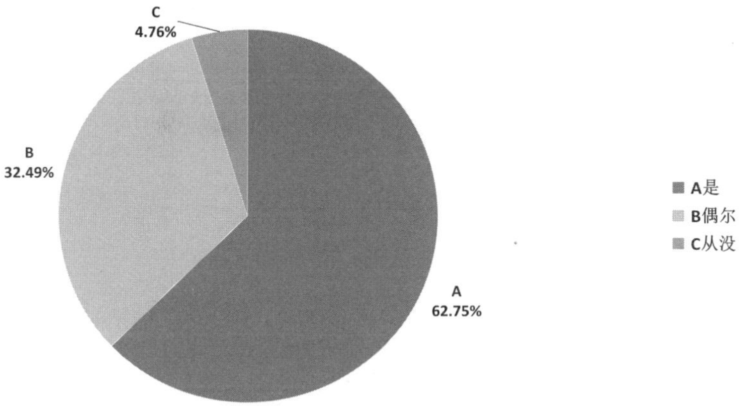


图 7-7 受访人员对中国公益组织丑闻的认识情况调查结果统计图

表 7-7 受访人员对中国公益组织丑闻的认识情况调查结果统计表

| 答案选项 | 回复情况 |
| --- | --- |
| A 是 | 224 |
| B 偶尔 | 116 |
| C 从没 | 17 |

Q8：您还会把“郭美美”与中国红十字会联系起来看待并对中国红十字会产生不信任感吗？

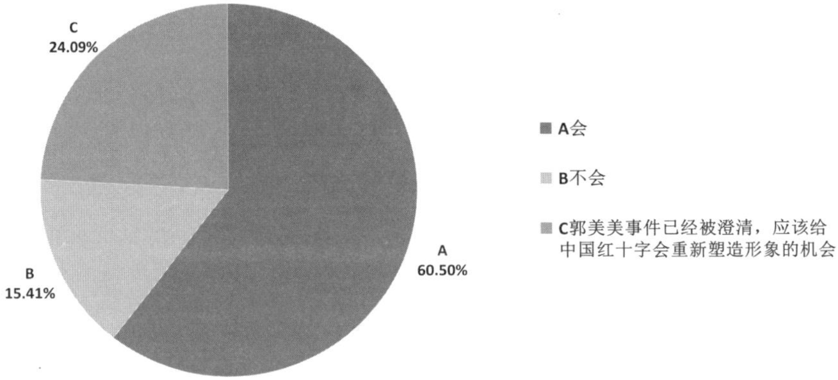


图 7-8 Q8 调查结果统计图

表 7-8 Q8 调查结果统计表

| 答案选项 | 回复情况 |
|---|---|
| A 会 | 216 |
| B 不会 | 55 |
| C 郭美美事件已经被澄清，应该给中国红十字会重新塑造形象的机会 | 86 |

Q9：当您看到社会对某些国内公益组织产生质疑时，您对公益活动的态度是？

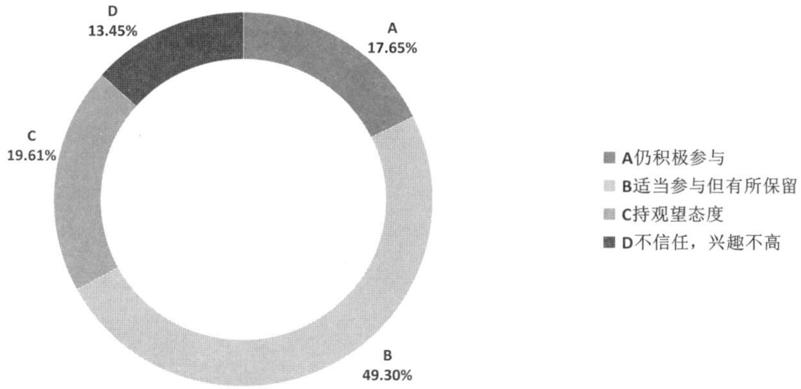


图 7-9 受访人员面对公益组织被质疑时对公益活动所持态度调查结果统计图

表 7-9 受访人员面对公益组织被质疑时对公益活动所持态度调查结果统计表

| 答案选项 | 回复情况 |
|---|---|
| A 仍积极参与 | 63 |
| B 适当参与但有所保留 | 176 |
| C 持观望态度 | 70 |
| D 不信任，兴趣不高 | 48 |

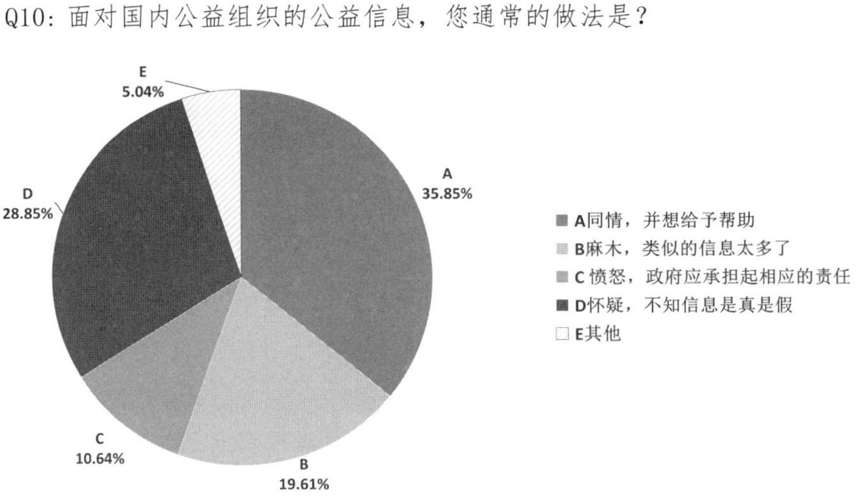


图 7-10 受访人员面对国内公益组织的公益信息时的通常做法调查结果统计图

表 7-10 受访人员面对国内公益组织的公益信息时的通常做法调查结果统计表

| 答案选项 | 回复情况 |
|---|---|
| A 同情，并想给予帮助 | 128 |
| B 麻木，类似的信息太多了 | 70 |
| C 愤怒，政府应承担起相应的责任 | 38 |
| D 怀疑，不知信息是真是假 | 103 |
| E 其他 | 18 |

Q11：您觉得和世界其他国家的公益组织相比，中国公益组织的名声如何？

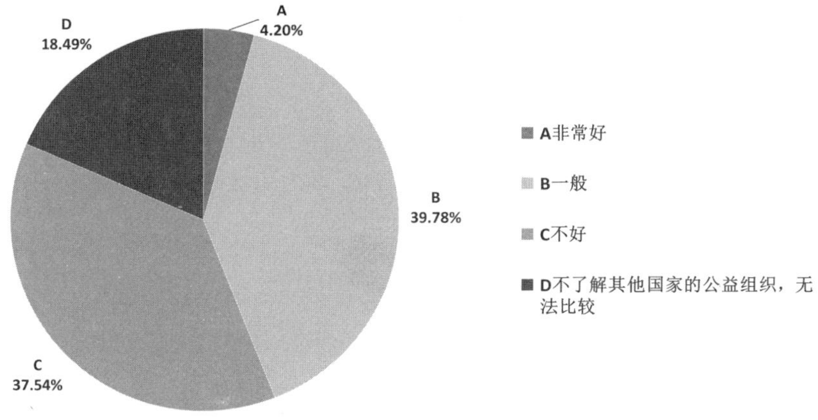


图 7-11 中国公益组织相较国外公益组织的名声情况调查结果统计图

表 7-11 中国公益组织相较国外公益组织的名声情况调查结果统计表

| 答案选项 | 回复情况 |
|---|---|
| A 非常好 | 15 |
| B 一般 | 142 |
| C 不好 | 134 |
| D 不了解其他国家的公益组织，无法比较 | 66 |

Q12：如今，国内的公益组织越来越多，你怎样看待这种现象？

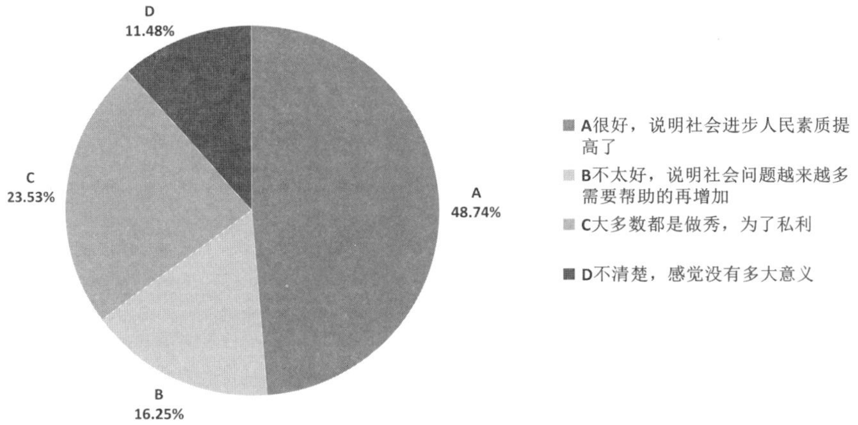


图 7-12 受访人员对国内公益组织愈发增多的现象所持看法调查结果统计图

表 7-12 受访人员对国内公益组织愈发增多的现象所持看法调查结果统计表

| 答案选项 | 回复情况 |
|---|---|
| A 很好，说明社会进步人民素质提高了 | 174 |
| B 不太好，说明社会问题越来越多，需要帮助的在增加 | 58 |
| C 大多数是在做秀，为了私利 | 84 |
| D 不清楚，感觉没有多大意义 | 41 |

Q13：您认为目前国内公益组织在下列哪 3 项服务项目中做得最好？（选 3 项）

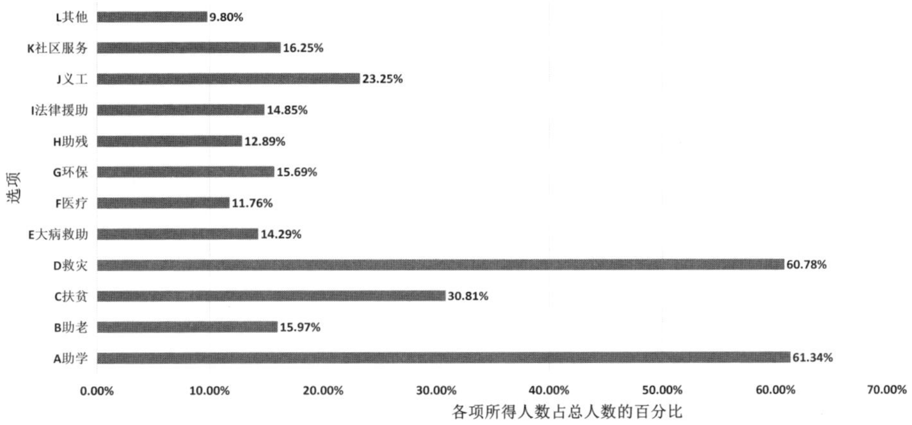


图 7-13 受访人员对国内公益组织各项公共服务满意度调查结果统计图

表 7-13 受访人员对国内公益组织各项公共服务满意度调查结果统计表

| 答案选项 | 回复情况 |
|---|---|
| A 助学 | 219 |
| B 助老 | 57 |
| C 扶贫 | 110 |
| D 救灾 | 217 |
| E 大病救助 | 51 |
| F 医疗 | 42 |
| G 环保 | 56 |
| H 助残 | 46 |
| I 法律援助 | 53 |
| J 义工 | 83 |
| K 社区服务 | 58 |
| L 其他 | 35 |

Q14：您认为最能破坏中国公益组织名声的因素是？

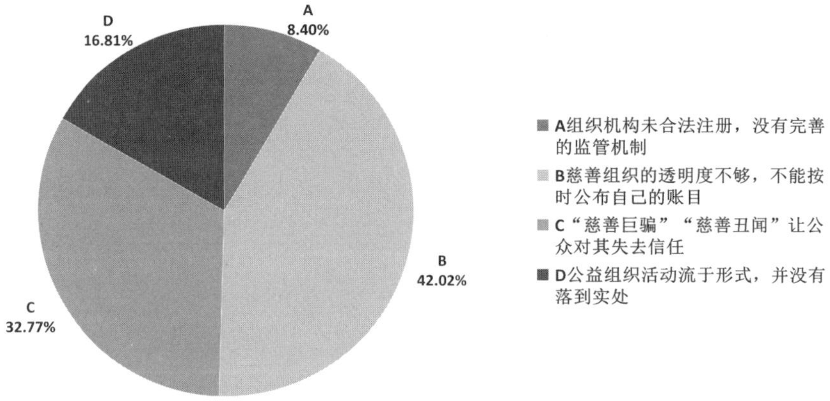


图 7-14 受访人员对破坏中国公益组织名声的因素的认识调查结果统计图

表 7-14 受访人员对破坏中国公益组织名声的因素的认识调查结果统计表

| 答案选项 | 回复情况 |
|---|---|
| A 组织机构未合法注册，没有完善的监管机制 | 30 |
| B 慈善组织的透明度不够，不能按时公布自己的账目 | 150 |
| C“慈善巨骗”“慈善丑闻”让公众对其失去信任 | 117 |
| D 公益组织活动流于形式，并没有落到实处 | 60 |

# 五、结果分析

## （一）Q1 与 Q4 调查结果交叉统计结果分析

表 7-15 Q1 与 Q4 调查结果交叉统计表（人数）

| 身份 | A QQ | B 微信 | C 微博 | D 网站 | E 贴吧 | F 广播、电视 | G 报纸、杂志 | 受访总人数 |
|---|---|---|---|---|---|---|---|---|
| A 学生 | 39 | 46 | 33 | 29 | 12 | 29 | 24 | 61 |
| B 教师 | 15 | 27 | 18 | 29 | 4 | 44 | 28 | 66 |
| C 工人 | 9 | 17 | 7 | 10 | 2 | 22 | 7 | 33 |
| D 其他职业 | 39 | 84 | 43 | 98 | 14 | 110 | 77 | 172 |
| E 公益组织全职工作人员 | 1 | 0 | 0 | 0 | 0 | 1 | 1 | 1 |
| F 有自己的职业，同时是公益组织的兼职人员或志愿者 | 13 | 22 | 10 | 11 | 5 | 17 | 13 | 24 |

表 7-16 Q1 与 Q4 调查结果交叉统计表（百分比）

| 身份 | A QQ | B 微信 | C 微博 | D 网站 | E 贴吧 | F 广播、电视 | G 报纸、杂志 | 受访总人数 |
|---|---|---|---|---|---|---|---|---|
| A 学生 | 63.93% | 75.41% | 54.10% | 47.54% | 19.67% | 47.54% | 39.34% | 61 |
| B 教师 | 22.73% | 40.91% | 27.27% | 43.94% | 6.06% | 66.67% | 42.42% | 66 |
| C 工人 | 27.27% | 51.52% | 21.21% | 30.30% | 6.06% | 66.67% | 21.21% | 33 |
| D 其他职业 | 22.67% | 48.84% | 25.00% | 56.98% | 8.14% | 63.95% | 44.77% | 172 |
| E 公益组织全职工作人员 | 100.00% | 0.00% | 0.00% | 0.00% | 0.00% | 100.00% | 100.00% | 1 |
| F 有自己的职业，同时是公益组织的兼职人员或志愿者 | 54.17% | 91.67% | 41.67% | 45.83% | 20.83% | 70.83% | 54.17% | 24 |

从不同身份的人用来了解中国公益组织的传播平台的统计结果中可以看出：学生们利用的传播平台主要是微信、QQ、微博等社交媒体，分别占75.41%、63.93%、54.10%；报纸、杂志的利用率较低，只占39.34%。这说明要想在学生中扩大中国公益组织的名声，必须要利用好新媒体的多种社交平台，有条件的话，开发灵活、丰富的公益特性的APP不失为一个好的方法。

教师们所利用的传播平台主要是广播、电视，网站，报纸、杂志，微信，分别占66.67%、43.94%、42.42%、40.91%，这说明广播与电视由于长期以来保持的权威性和公信力仍是针对精英阶层进行公益名声宣传的主要阵地，报纸与杂志的影响力逐渐式微，以1.52%的差距被网站所超越，新媒体中的微信表现亮眼。这说明要想在教师等精英阶层中扩大中国公益组织的名声，一方面必须保持广播与电视的主体地位不动摇，另一方面要利用好新媒体，网站与微信双管齐下。

工人们所利用的传播平台主要是广播、电视，微信，分别占66.67%和51.52%，其他平台得分都很低，呈现两极分化的态势。这说明针对工人的中国公益组织的名声传播还是要以广播与电视为主，同时考虑名声传播的媒体便携性，抓住手机媒体这个重要阵地。

其他职业所利用的传播平台主要是广播、电视，网站，微信，分别占63.95%、56.98%、48.84%，这说明针对其他职业人群的中国公益组织的名声传播目前还是广播与电视、网站表现较好，微信有进一步发展的趋势。

总的来说，中国公益组织名声传播的传播平台主要集中在广播与电视、微信、网站三大区域。

## （二）Q2 与 Q6 调查结果交叉统计结果分析

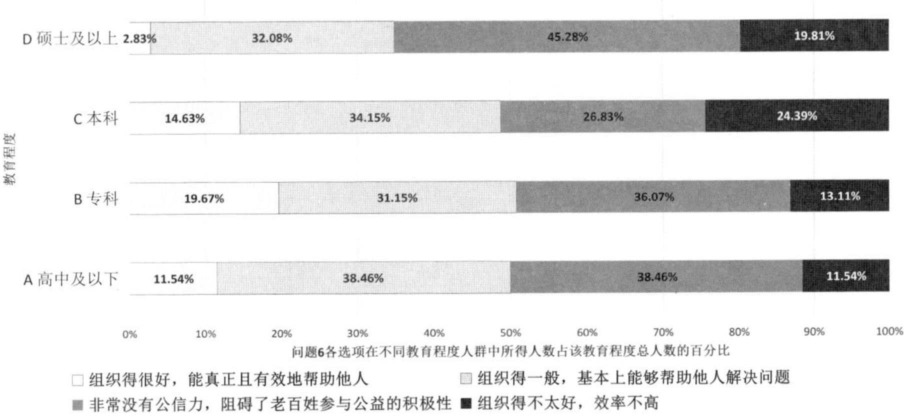


图 7-15 Q2 与 Q6 调查结果交叉统计图（百分比）

表 7-17 Q2 与 Q6 调查结果交叉统计表（人数）

| 受教育程度 | A 组织得很好，能真正且有效地帮助他人 | B 组织得一般，基本上能够帮助他人解决问题 | C 非常没有公信力，阻碍了老百姓参与公益的积极性 | D 组织得不太好，效率不高 | 受访总人数 |
|---|---|---|---|---|---|
| A 高中及以下 | 3 | 10 | 10 | 3 | 26 |
| B 专科 | 12 | 19 | 22 | 8 | 61 |
| C 本科 | 24 | 56 | 44 | 40 | 164 |
| D 硕士及以上 | 3 | 34 | 48 | 21 | 106 |
| 受访总人数 | 42 | 119 | 124 | 72 | 357 |

表 7-18 Q2 与 Q6 调查结果交叉统计表（百分比）

| 受教育程度 | A 组织得很好，能真正且有效地帮助他人 | B 组织得一般，基本上能够帮助他人解决问题 | C 非常没有公信力，阻碍了老百姓参与公益的积极性 | D 组织得不太好，效率不高 | 受访总人数 |
|---|---|---|---|---|---|
| A 高中及以下 | 11.54% | 38.46% | 38.46% | 11.54% | 26 |
| B 专科 | 19.67% | 31.15% | 36.07% | 13.11% | 61 |
| C 本科 | 14.63% | 34.15% | 26.83% | 24.39% | 164 |
| D 硕士及以上 | 2.83% | 32.08% | 45.28% | 19.81% | 106 |

从对中国公益组织的评价来看，正面的肯定评价不多，只占受访人数的 11.76%，中性评价和负面评价的比例分别占 33.33%、54.91%。按照基本认可的标准来看，中国公益组织的名声呈现好坏参半的态势，当然倾向于坏的方面更多一些，多 9.82%（正面评价的比例 + 中性评价的比例 – 负面评价的比例）。总的来说，中国公益组织的名声状况在好的方面不尽如人意，但也不是差得很严重。中国公益组织的名声偏差的原因主要在于“缺乏公信力”，占负面评价的 63.26%，“效率不高”占 36.73%。

从不同受教育水平人群对中国公益组织的名声评价来看，专科及高中以下人群对公益组织的名声偏好的评价比例与偏坏的评价比例基本相当；随着受教育程度的提升，好坏名声比例的差距开始拉大，到硕士及以上人群时表现尤为明显：认为中国公益组织名声偏差的硕士及以上人群比例高达 65.09%，直接给出正面评价的硕士及以上人群占该人群所有受访者人数比例最低，仅有 2.83%（参见图 7–15 与表 7–18）。这说明受教育程度越高的人群对中国公益组织的名声好评率越低。

### （三）Q5 调查结果分析

从公众对各公益组织的熟悉程度来看（见图 7–5、表 7–5），中国红十字会以 3.69 的高分位居榜首，名声最大；中国预防性病艾滋病基金会和宋庆龄基金会分别以 3.06 分、2.93 分紧跟其后；名声最低的是自然之友，只有 2.06 分。在百度新闻中以中国红十字会为关键词找到相关新闻 106000 篇；以中国预防性病艾滋病基金会和红丝带为关键词分别找到相关新闻 1210 篇和 14100 篇；以宋庆龄基金会为关键词找到相关新闻 20300 篇；以自然之友为关键词找到相关新闻 1860 篇。从新闻数量上的差距，可以推测中国公益组织的名声传播力大小与相关组织在媒体中的曝光率有密切关系。相关组织要扩大自己的名声，就必须重视新闻传播这一渠道。

（四）Q2 与 Q8 调查结果交叉统计结果分析

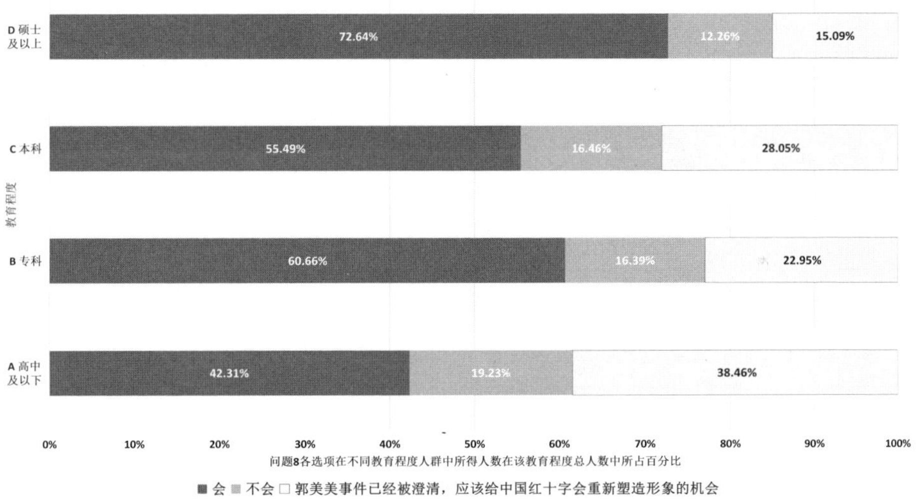


图 7-16 Q2 与 Q8 调查结果交叉统计图（百分比）

表 7-19 Q2 与 Q8 调查结果交叉统计表（人数）

| 受教育程度 | A 会 | B 不会 | C 郭美美事件已经被澄清，应该给中国红十字会重新塑造形象的机会 | 受访总人数 |
|---|---|---|---|---|
| A 高中及以下 | 11 | 5 | 10 | 26 |
| B 专科 | 37 | 10 | 14 | 61 |
| C 本科 | 91 | 27 | 46 | 164 |
| D 硕士及以上 | 77 | 13 | 16 | 106 |
| 总数 | 216 | 55 | 86 | 357 |

表 7-20 Q2 与 Q8 调查结果交叉统计表（百分比）

| 受教育程度 | A 会 | B 不会 | C 郭美美事件已经被澄清，应该给中国红十字会重新塑造形象的机会 | 受访总人数 |
|---|---|---|---|---|
| A 高中及以下 | 42. 31% | 19. 23% | 38. 46% | 26 |
| B 专科 | 60. 66% | 16. 39% | 22. 95% | 61 |
| C 本科 | 55. 49% | 16. 46% | 28. 05% | 164 |
| D 硕士及以上 | 72. 64% | 12. 26% | 15. 09% | 106 |

2011年6月21日郭美美事件爆发，引发公众对中国红十字会的信任危机，5年过去了，这一事件对中国红十字会名声的影响还有多大？根据调查结果，仍然有高达 60.50% 的受访者会把郭美美事件与中国红十字会联系起来看待，对中国红十字会产生不信任感，这说明性丑闻或者贪腐丑闻对公益组织名声的打击是很大的。只有 24.08% 的人愿意给中国红十字会重新塑造形象的机会。愿意给中国红十字会重新塑造形象的机会的人中高中及以下人群所占比例最高，占 38.46%；愿意给中国红十字会重新塑造形象的机会的人中硕士及以上人群所占比例最低，只有 15.1%，这说明在名声传播中，学历越高的人

对名声中的道德成分要求越高，学历越低的人对公益组织名声传播的宽容度越高。

### （五）Q13 调查结果分析

为中国公益组织目前的名声赢得好感的服务项目是助学、救灾、扶贫，它们分别得到了 61.34%、60.78%、30.81% 的投票率，助老、大病救助、医疗、环保、助残、法律援助及其他的得票率都很低，均徘徊在 10% 左右（见图 7-13）。这说明中国公益组织的名声要向美名化发展的话可以从助老、大病救助、医疗、环保、助残、法律援助等领域入手，加大服务力度。

### （六）Q8 与 Q14 调查结果交叉统计结果分析

表 7-21 卡方检验

| | 值 | df | 渐进 Sig.（双侧） |
|---|---|---|---|
| Pearson 卡方 | 15.642[a] | 6 | .016 |
| 似然比 | 14.883 | 6 | .021 |
| 线性和线性组合 | .304 | 1 | .581 |
| 有效案例中的 N | 357 | | |

对于郭美美之类的丑闻对中国公益组织名声破坏程度的影响，笔者取的是 Q8 和 Q14 做的列联表分析，卡方检验结果显示：二者不相互独立，有关联关系，但从列联表结果来看，人们最介意的是公益组织的透明度不够，不能按时公布自己的账目，丑闻只是一个导火线而已。

根据 Q14 调查结果，破坏中国公益组织名声的因素主要集中在“慈善组织的透明度不够，不能按时公布自己的账目”和“‘慈善巨骗’‘慈善丑闻’让公众对其失去信任”之上，二者的得票率分别占了 42.02% 和 32.77%，这表明公益组织最大的问题是透明度不够、不能按时公布自己的账目，出现丑闻不再支持公益组织的是其次（见图 7-14）。因此想要改变中国公益组织名声偏差的现状，必须要从组织本身的经济透明度及零丑闻方面下功夫。

## 六、思考

### （一）人的名声传播与组织名声传播的比较

1. 在新媒体时代，人的名声传播与组织名声传播都离不开媒介对其形象的建构，受众对于某主体的名声的界定很大程度受到媒介“虚拟现实”的影响。媒介的选择性及把关人的存在，都意味着新媒体时代无论是人的名声传播还是组织名声传播都可以进行人为的技术性干预，以达到令名声承载者满意的效果。人的名声传播和组织的名声传播都建立在可视性的形象及媒介形象基础之上。

2. 人的名声与组织的名声都需要通过内部和外部两个方面形成：人的外在形象及内在品质和能力，组织的外在形象及内在性质和能力。对组织来说，通过成熟的品牌建设能够建立组织形象识别系统，在行动中展现组织精神。对个人来说，同样应该具有这样的品牌意识，建立独一无二的品牌，赢得好名声。由于名声是易碎品，因此在现代社会无论是人还是组织的名声传播都需要进行危机管理，学会在危机中找到突破口，维护辛苦建立的好名声。

3. 组织是人的集合体，并且每个组织都应该有自己所经营的某个产品，这些产品可以是实物，也可以是服务或者理念等，因此组织名声传播相较于单个人的名声传播来说，更具有复杂性。影响组织名声的因素有很多，具体来说有：（1）组织经营的产品；（2）组织在媒介事件中的表现；（3）组织从业人员的整体表现；（4）组织知名从业人员或者组织领导人的个体名声；（5）组织的自主媒介活动；（6）组织的营销手段；（7）组织的硬件设施；（8）组织的标识、口号；（9）组织的形象广告；（10）组织的公关活动。可见无论在哪一个环节出现问题，都会影响组织的整体名声。组织的名声传播是一个牵连组织上下的浩大工程。

### （二）中国公益组织名声传播的改进

1. 从名声的传承性来看，受众会因为某个公益组织的名声进行“由个体推及整体”的联想，因此改进这个行业或者领域的名声，需要中国公益组织中的个体组织的共同努力。

2. 个体公益组织要从整合影响组织名声的十个因素入手进行改进。从组织名声的特性来看，来自上述十个因素的评价不仅环环相扣、互相影响，而且会最终指向个体组织的整体名声，因此任何一个环节都不可偏废。

3. 从公益组织的独特性来看，公益组织一方面具有提供公共物品、为社会及公共利益服务的社会功能，另一方面也拥有获得大量社会资源、一定税收优惠的权利，因此相比于一般的组织，公众对它在“德行”方面的表现要求更为严苛。公益组织必须主动接受来自社会各个方面的监督、质询、批评、建议以及奖惩。

4. 通过各种传播渠道和平台强力发出中国公益组织受益者的声音。从郭美美事件来看，中国红十字会对组织名声传播的危机管理是失败的。当丑闻事件发生时，红十字会任由负面舆论一边倒，完全没有从平衡性的角度给受众展现出红十字会的正面成绩。而展现成绩的最好方法就是通过红十字会受益者的亲身说法，因为对于名声传播来说，人际传播才是最能赢得受众信任和感情支持的传播方式。

5. 最大程度地利用新旧媒体传播公益组织的信息、理念、架构和项目，谣言止于公开、信任来自透明是对新媒体时代中国公益组织名声改进的最好注解。

6. 营造媒体、公益组织与国家的良好互动。随着公民社会的到来，媒体日益成为民间力量表达诉求和参与政策的积极推动者，也越来越呈现出公共平台的新面貌。公益组织的公共性使它对国家来说，具有补充“刚性治理”不足的重要作用。从理论上来说，这三者是有共识基础的，因此三者的互动应该是积极、主动、相互信任的。事实上，在过去的时间里，公益组织确实与媒体有互动，形成了消费者运动、妇女运动、环保运动等报道议题，凝聚公共舆论，进而推动国家作出政策性调整。所以，在接下来的时间里，公益组织应该将这三方的良好互动保持下去，并且通过媒体的声音把自己发挥的作用明确地传递给公众。

# 第八章 结语

## 一、新旧媒体时代名声传播的比较

对于旧媒体的名声传播来说，这是一个最坏的时代；对新媒体的名声传播来说，这是一个最好的时代。随着技术与社会的发展，新旧媒体的最终走向是彼此的融合。新旧媒体时代的区分是从纸媒衰落而网站兴起开始的，形式繁多的新旧媒体的激烈竞争的本质归根到底还是受众注意力的争夺。从名声传播的角度来看，显然是名声大的、名声新鲜的承载者和内容更容易赢得注意力。从旧媒体到新媒体，从形式上看是阅读平台的变化，微博、微信也不会是大众化的主流阅读平台的终点，更方便和快捷才是永恒的主题。新媒体时代，“媒体”与“传播”已经渗透到人们生活的方方面面，并成为各个行业发展的必备元素，主导着行业前景。传播形式的改变必然导致内容的变化，新旧媒体时代中，名声传播的变化有着形式的差异和深刻的内涵。

第一，旧媒体时代名声传播供不应求，新媒体时代名声传播供过于求。

纸媒受版面、出版时间、发行数量的限制，广播声音稍纵即逝，线性传播不易记忆和保存，电视虽然声画结合但囿于版块与时间，因而旧媒体的容量也是有限的。旧媒体时代的名声传播呈现供不应求的状态，名声是个稀缺品，并且物以稀为贵。这突出表现在旧媒体时代名人出书热潮的形成。

20世纪70年代末到80年代初的名人出书热潮是以革命历史名人和文艺名人为主的，比如《刘伯承回忆录》《聂荣臻回忆录》《巴金回忆录》、许世友的《我在山东十六年》、杨成武的《忆长征》、成仿吾的《长征回忆录》，孙犁的《伙伴的回忆》等。90年代的名人出书热潮是以影视圈的主持人和演员为主的，比如赵忠祥的《岁月随想》、杨澜的《凭海临风》、倪萍的《日子》、白岩松的《痛并快乐着》、崔永元的《不过如此》、刘晓庆的《从电影明星到亿万富姐》、姜昆的《笑面人生》等。受众对名人的一言一行包括日常隐私都非常感兴趣，对其名声的追捧表现在为获取他们的名声信息而慷慨解囊。

但是名人出书的热潮在新媒体时代走向低谷，其中原因是多方面的，其中一个重要的原因是新媒体时代名声传播的供过于求。名声不再是稀缺品，而变成了日常消费品。新媒体时代的受众太不缺乏名声信息了，互联网的世界里有足够多且几乎免费的名声信息，其数量已经严重地超过需求。这直观地反应在名人出书销量的急剧减少上。新媒体时代名声信息的海量增多是导致名声传播供求变化的重要原因。海量的名声信息覆盖了受众睡眠以外的所有时间，也导致受众注意力切换频率的加快，旧媒体时代的传播形式自然江河日下。

第二，旧媒体时代名声传播效果更为内化，新媒体时代名声传播重在分享。

新旧媒体时代的交替不仅带来了传播领域的变革，也直接改变了人们的生活方式。在旧媒体时代，受纸媒版面、广播电视固定栏目的影响，人们习惯了版块化的生活方式——早上看晨报，晚上看晚报，19点看新闻联播，20点看电视剧，周末看综艺晚会。这种版块化的生活方式被一张固定的时刻表牢牢控制和掌握，导致人们的思维也不得不被这种看不见的框架束缚。这一时代的名声传播受政府、权威媒体和主流价值观念影响很大。能够大范围广泛传播的名声基本上都是政府、权威媒体和主流价值都一致认可的，这些名声传播总会被提炼出种种闪光的精神，被赋予教化的色彩和一定的政治任务。旧媒体时代的受众更容易被这些名声传播所打动，并且将看、听、想等思维观点经过内证实践，领悟出与传播者意图一致的具有客观价值的认知体系。名声传播的外部刺激是受众内化的重要环节。

新媒体时代，信息呈现碎片化态势，人们原本版块化的时间也被碎片化，人们不再被旧媒体时代的那张日复一日固定、循环往复的时间表控制，人们可以在自己选择的任何时间选择任何自己感兴趣的内容。信息的碎片化带来的负面效应在于使受众很难形成有效的知识体系。但是对于名声传播来说，新媒体倒是为它赋予了一些优势，因为名声传播本来就属于浅层传播，特别适合在碎片化的时间进行分享传播。简单的“转发”不耗费任何的精力，却能够带来某名声的滚雪球式增长。

第三，旧媒体时代的名声传播遵循着传统的成名机制，新媒体时代名声传播则颠覆了传统。

旧媒体时代的名声传播基本遵循着传统的成名机制，成就好名声需要长年累月的实力积累和某次令人瞩目的成功，并且在传统媒体的传播平台上有很多的“把关人”，他们负责对名声信息进行筛选、过滤，剔除掉那些不符合主流价值观的名声信息，大力宣传与鼓动他们认为有意义的信息。

新媒体时代的名声传播则颠覆了传统，出名不再需要长年累月的积累，靠运用网络的规则和营销手段就能够实现普通人名声向名人名声的转变。新媒体带来了名声传播平台的改变，网络上没有传统成名机制中的“把关人”，一个主体仅仅靠出格的观点和行为就能吸引大量的关注。传统的成名方式越来越难，而网络的成名方式却日益多元化。这背后离不开网络推手的加入。网络的强大可以使网络的名声生产从“草根”的一枝独秀到批量生产。新媒体技术的革新让网络名声传播的阵地也进一步扩大了，专门八卦的博主微博、犀利点评时尚和娱乐的微信公众号等社交媒体使网络名声传播的平台迎来了又一个繁荣时期。当然，大多数这样的网络名声传播难逃昙花一现的命运。

还有一些网络名声并不是名声承载者本身有“红”的意愿，而是被网民消费并进行了病毒式传播。这反映出了网民自身的围观心理，他们用这种调侃式、解构式的表达来缓解生活压力。这是网络时代大众拿无聊当有趣的典型病症，暴露出文化贫瘠的缺陷。

第四，旧媒体时代的名声传播逐渐与商业结合，新媒体时代则与商业彻底融合。

名与利自古是人类的追求，马克思认为“人们奋斗所争取的一切，都与他们的利益有关”。名和利的实质是精神享受和物质利益，它们满足了人们的物质和精神的双重需要，所以永远不会被人类冷落和抛弃。古代的洛阳纸贵正是名声传播与商业结合的极好案例。在旧媒体时代，人们早已认识到名声已经成为商业利益的重要资源。市场经济要求企业创造名牌，赢得好名声，争取最大的商业利益。旧媒体时代的名声传播逐渐与商业结合，表现在对名人的炒作。在叔本华看来：虚假的名声就是人为的炒作、不实的颂扬、一众好友和收受了贿赂的批评家的帮腔、上头的暗示和下面的合谋共同作用的结果，以大众缺乏判断力为前提条件。[①]

随着新媒体时代的到来和人们对炒作的谙熟，炒作平台扩展至网络，炒作对象进一步扩大，不光名人名声能炒作，普通人的名声也能炒作；炒作的名声性质也不仅限于虚假，甚至连坏名声也一样可以加以利用，大有“不能够流芳百世，也定要遗臭万年”的态势，名声传播与商业彻底融合。以网红名声为例，网红名声传播与网络媒体之间也是一种相互利用的关系，一个图名，一个图利，图名的最终又归结为图利。新的营销手段是将“网红”和“自媒体”结合起来，由此衍生出“网红经济”。当“网红”把自己嵌入一个产业时就能获得更多的经济利益，比如当下有“网红”参与的时尚业正迎来发展的春天。

如果说在新媒体时代传统媒体都在拥抱新媒体，那么新媒体也在同时

① ［德］叔本华：《叔本华美学随笔》，韦启昌译，上海人民出版社，2014 年，第 139 页。

吸引着任何一种商业模式。以前的商业模式是人与人之间的交换，有时间和距离的限制，现在的商业模式利用互联网则可以随时随地进行，比如C2B。2016年1月25日，国务院总理李克强主持召开专家学者和企业界人士座谈会。新浪董事长曹国伟在发言中提到“粉丝经济”和“网红经济”，他说：“很多网络红人依托互联网平台运作粉丝，一方面开展营销，一方面以‘按需生产’理念对接企业。去年一年，这一模式创造了50亿元的交易量。”李克强总结：“这实际上就是‘C2B’，通过互联网把设计者、生产者、消费者直接连通起来。”①

第五，新媒体时代名声传播面临的机遇和挑战。

1. 新媒体时代，名声传播的门槛变低，传播的平台、渠道增多，传播方式更加灵活，新的成名机制重构了人们的价值观。消费、市场、个人欲望等在革命文化的语境中被压抑被批判的话语得到了空前认同。成功人士的名声超过了传统的英雄名声，“当明星”成为一部分普通人的梦想，随之而来的明星文化既与经济改革、对外开放、市场转轨、社会转型等历史进程互为表里，又体现了社会阶层分化的重新建构。

2. 名声传播中曾经的权威性指导意见的影响力受多种因素消解，受众越来越倾向于根据自己的想法、判断主导名声的性质。网络是与现实世界二元存在的一个虚拟世界，很多人对网络名声的看法比较负面，但是2015涌现出来的新现象给对网络名声忧虑的人们吃了一颗定心丸，正面网红类型的走红从一个方面展现了网络的净化功能，表明青少年们对待名声的态度变得更加理性了。但网络的净化功能并不是单纯自发的，它也是现实社会趋向理性的一种反应。

3. 名声传播的多元化实际上是价值观多元化的体现，是对人类的积极反思。新媒体时代名声传播的未来走向仍然是去中心化。

4. 受到解构主义的影响，新媒体时代名声传播的污名化现象与为成名而

---

① 储思琮，“李克强：今天开会就是请大家提意见和建议的”，《新京报》，2016年1月30日，https://www.bjnews.com.cn/detail/155150149214722.html。

不顾一切的急功近利还将长期存在。

## 二、研究的展望

新媒体时代的到来，为本研究开启了一个绝好的契机。含蓄的中国人终于可以直截了当地表达自己想要成名成家的愿望，并且还不用为此而感到惶恐不安，虽然由此而来的炒作风气影响了社会和一部分青少年的价值观，但总体来说，这却是时代进步的真实表现。没有哪一个时代的进步不会经历曲折和阵痛，只要其总体趋势是往好的方向发展，就不必反对。对名声传播的研究除了要厘清名声传播的传播机制，更重要的是，一定要将其置于社会系统中综合考察。不同承载者名声传播的区别，不同时期人们对于名声的不同态度及其背后隐藏的众多因素也值得细致深入地进一步研究。

名声传播看似平常，把它上升到国家战略层面进行国际宣传和国民引导却能够达到深入浅出的效果。当前，以习近平同志为核心的党中央动员并组织全党全社会开展党史教育，目的在于赢得人民的政治信任。政治信任是社会成员对政治共同体、政治制度、政府当局以及政治领袖持有的情感认同和合法性支持，具体包括对政府当局的治理能力和治理绩效的认同，对基本政治制度的正当性和具体制度安排的认同，以及对社会核心政治价值体系的认同三个层次。[①] 这三个层次，对国际社会来说，由于文化和意识形态的差异，他们不一定能够领悟深刻；对国内普通大众来说，由于缺乏精英阶层的知识储备和理解能力，他们也可能理解不够到位；利用名声传播看似“浅显”的引导却可以达到大家都接受的目的。因此利用名声传播来研究国际国内的新情况、新问题也是大有可为的。

比如，明星真人秀节目中的名声传播又出现了新的动向。2016 年 4 月 17 日，广电总局针对未成年人参加真人秀节目进行管控的通知正式下达。这

① 李路曲：《比较政治学研究：第 5 辑》，北京：中央编译出版社，2013 年，第 22 页。

则被网友称为“限童令”的规则从数量、节目内容、播出时间等方面严格控制未成年人参加真人秀节目。这一限制令是继“限真令”之后的又一个重点针对明星及明星子女名声传播的管控。

“限真令”指的是2015年7月22日广电总局网站公布的《关于加强真人秀节目管理的通知》。《通知》主要有六点内容：“一、主动融入社会主义核心价值观，发挥好真人秀节目的价值引领作用。二、贴近火热现实生活，挖掘展示思想文化内涵和社会意义。三、植根中华优秀传统文化，大力推动创新创优。四、坚持以人民为中心的创作导向，关注普通群众，避免过度明星化。五、坚持健康的格调品位，坚决抵制低俗和过度娱乐化倾向。六、切实加强管理和调控，引导真人秀节目健康发展。”

明星真人秀节目对明星名声的惊人消费，也确实带来很多的负面效应：单纯依赖明星名声的倾向助长了高片酬、高成本的不良风气；拼富炫富的风气日益脱离现实、脱离群众；为了增加话题性故意激化矛盾，放大了不良现象和非理性情绪，人为制造了“人性恶”的不良印象；某些背负不良名声的明星频频亮相，在一定程度上扭曲了正确的社会价值观；过度娱乐化的不良倾向阻碍了未成年人的健康成长；对国外综艺模式的大规模引进，使我国综艺节目背负了“抄袭”的不良名声。

从名声传播的角度来看，“限真令”和“限童令”下发的主旨在于淡化明星名声过热的现状，强化素人名声传播，丰富真人秀思想内涵，弘扬真善美，传递正能量，实现积极的教育作用和正向的社会意义。

对素人名声传播的重视说明我国的名声传播必须是在核心价值观的框架内进行的。能够代表中国人的并不仅限于明星，素人也是中国脊梁的一分子，应该从不同角度、不同侧面、多方位立体塑造当代中国人的全面形象，才能从整体上提升中国人的名声。因此，普通人民的生活情状是绝对不能缺位的。那么，真人秀节目未来的走向如何，它与名声传播的互动如何为我国的国际国内名声服务，都是本研究的延伸。

从全社会范围来看，对演艺明星名声的过度关注，在一定程度上削弱了受众对其他领域或者其他更为重要的名声的关注度。这种名声传播的过度娱乐化倾向会让普通受众日益丧失对严肃问题的理性思考。对科学家、学者、专业技术精英等名声传播的漠视会扭曲受众的价值观。对普通人名声传播的缺失会引发社会阶层分化的动荡。这一系列深层次问题也都将是本研究未来的发展空间。

对名声传播的研究才刚刚开始，更多的名声传播现象又纷至沓来，行行重行行，道路阻且长，但未来定可期。

# 参考文献

[1] 魏婷．名声传播的特性研究 [J]. 新闻界，2015(21).

[2] 卞文忠，曹雨露，马卓识．公共关系学 [M]. 哈尔滨：东北林业大学出版社，2011.

[3] [ 法 ] 古斯塔夫·勒庞．乌合之众：大众心理研究 [M]. 冯克利，译．北京：中央编译出版社，2011.

[4] 李曙光．科学家的名声问题——从另一个角度谈科学研究职业道德 [J]. 中国科学基金，2007(4).

[5] 钟桂华．论主持人名声的构建与经营 [J]. 新闻爱好者，2001(6).

[6] 李世进．略论唐代的文名传播 [J]. 新闻爱好者月刊，2011(7).

[7] 刘宏．名声与传播 [J]. 青年记者，2008(13).

[8] 刘宏．论名声产业 [J]. 文化产业导刊，2014(2).

[9] 王京山．韬奋网络声望初探 [C]// 韬奋纪念馆．邹韬奋研究：第二辑．

上海：学林出版社，2005.
[10] 栾轶玫．媒介形象生成的社会空间——一个关于媒介空间关系资源的理论 [J]. 新闻与传播，2008(12).
[11] 栾轶玫. 制造声望——电视媒介形象建构的理论研究 [C]//高晓虹. 中国新闻传播研究 2009. 北京：中国传媒大学出版社，2014.
[12] 陈力丹，陈俊妮．传播学入门 [M]. 北京：人民日报出版社，2011.
[13] 关晓丽，关大伟．中国社会阶层结构演变新视点 [M]. 长春：吉林大学出版社，2007.
[14]Max Weber. Class, Status and Party[M]// Beinhard Bendix, Seymour Lipset. Class, Status and Power: Social Stratification in Comparative Perspective. New York: The Free Press, 1966.
[15]Link B G & Phelan J C. Conceptualizing Stigma[J]. Annual Review of Sociology, 2001(27).
[16] 周梅，李桂平．人际互动中的戏剧理论 [J]. 经济研究导刊，2010(12).
[17] 汪广华．评述戈夫曼的社会拟剧理论 [J]. 连云港师范高等专科学校学报，2001(3).
[18] 董璐．传播学核心理论与概念 [M]. 北京大学出版社，2008.
[19][美]沃尔特•李普曼. 舆论学 [M]. 林珊，译. 北京：华夏出版社，1989.
[20]Lippmann W. Public Opinion[M]//Protess D L, McCombs M. Agenda Setting: Readings on Media, Public Opinion, and Policymaking. Lawrence Elbaum Associates, 1922.
[21] 陈力丹．解析中国新闻传播学 2013[M]. 北京：人民日报出版社，2013.
[22]William C Schutz. A Three Dimensional Theory of Interpersonal Behavior[M], Rinehar, 1958.
[23] 秦艳华，路英勇．全媒体时代的手机媒介研究 [M]. 北京大学出版社，2013.

[24] 郭东斌．格言大辞典 [M]．沈阳：辽宁人民出版社，1990.
[25] 张培基．人生 [M]．杭州：浙江人民出版社，2004.
[26] 刘国芳，辛自强．间接互惠中的声誉机制：印象、名声、标签及其传递 [J]．心理科学进展，2011(19).
[27] 肖冬平，王春秀．社会资本研究 [M]．昆明：云南大学出版社，2013.
[28] 朱庆明．HSK 帮你顺利通八级之词汇篇 [M]．北京：清华大学出版社，2007.
[29] 王正平．世界人生名言大辞典 [M]．北京：华夏出版社，1993.
[30] 张晓虎．艾滋病问题的双向建构 [M]．北京：知识产权出版社，2013.
[31] 凌继尧．美学十五讲：第 2 版 [M]．北京大学出版社，2014.
[32] 杨生博，王刚．艺术美学概论 [M]．西安：陕西人民美术出版社，2012.
[33] [美] 马斯洛．动机与人格 [M]．许金声，程朝翔，译．北京：华夏出版社，1987.
[34] 魏婷．名声传播的内涵和外延 [J]．青年记者，2016(1).
[35] 陈建宪，孙正国，张静．文化学教程：第 2 版 [M]．武汉：华中师范大学出版社，2011.
[36] 郑瑜，魏毅．信息检索教程 [M]．北京：人民邮电出版社，2012.
[37] 林刚．新媒体概论：INTRODUCTION TO NEW MEDIA[M]．北京：中国传媒大学出版社，2014.
[38] [美]沃纳•赛佛林，小詹姆斯•坦卡德．传播理论：起源、方法与应用：第四版 [M]．郭镇之，孟颖，赵丽芳，等，译．北京：华夏出版社，2000.
[39] [美]赖洪毅．一鸣惊人：第二版 [M]．北京：民主与建设出版社，2005.
[40] [德] 叔本华．悲喜人生：叔本华论说文集 [M]．范进，等，译．西安：陕西师范大学出版社，2002 年．
[41] 杨伯峻，吴树平．论语今译：英汉对照 [M]．济南：齐鲁书社，2009.
[42] 梁衡．评委笔记 [M]．北京：中国人民大学出版社，2009 年．
[43] 雷戈．史学与新闻 [J]．文史哲，2004(6).

[44] 邱沛篁．新闻传播手册 [M]．成都：四川大学出版社，2004.
[45] [美]迈克尔•H 普罗瑟．文化对话：跨文化传播导论 [M]．何道宽，译．北京大学出版社，2013.
[46] 王泽应．伦理学 [M]．北京师范大学出版社，2012.
[47] 郑兴东．受众心理与传媒引导 [M]．北京：新华出版社，1999.
[48] [英] 崔瑞德．中国的传记写作 [J]．史学史研究，1985(3).
[49] 周宪，胡疆锋，周计武．文化研究：第 12 辑 [M]．北京：社会科学文献出版社，2012.
[50] 范平安．消防舆情危机处置 [M]．郑州大学出版社，2014.
[51] [美]约翰•费斯克．关键概念：传播与文化研究辞典 [M]．李彬，译注．北京：新华出版社，2004.
[52] [美] 查尔斯•霍顿•库利．社会组织 [M]．北京：中国传媒大学出版社，2013.
[53] 余项虞．每天学点经济学 [M]．北京：中国华侨出版社，2013.
[54] 郭庆光．传播学教程 [M]．北京：中国人民大学出版社，1999.
[55] 欧阳国忠．大活动 大营销 [M]．南京：凤凰出版社，2011.
[56] [德] 叔本华．人生的智慧 [M]．韦启昌，译．北京：中央编译出版社，2011.
[57] 刘宏．话题传播的构成要素 [J]．青年记者，2013(16).
[58] [英]雷蒙•威廉斯．关键词：文化与社会的词汇 [M]．刘建基，译．北京：生活•读书•新知三联书店，2005.
[59] 辛鸣．十七届六中全会后党政干部关注重大理论与现实问题解读 [M]．北京：中共中央党校出版社，2012.
[60] 习近平出席全国宣传思想工作会议并发表重要讲话 [EB/OL]．新华社，2013-08-20 [2021-5-23]．https://www.xuexi.cn/5865231d841fc666a9797cd3571f9eb6/e43e220633a65f9b6d8b53712cba9caa.html.
[61] 刘长明．跟随毛主席从延安到北平 [M]．北京：军事科学出版社，

2005 年 .

[62] 杨艳琪 . 大众文化心理与新媒体新闻传播特性探析 [J]. 出版与传播学刊 ,2013(1).

[63] 杨保军 . 新闻本体论 [M]. 北京：中国人民大学出版社 ,2008 年 .

[64] 尹鸿、冉儒学、陆虹 . 娱乐旋风：认识电视真人秀 [M]. 北京：中国广播电视出版社 ,2006.

[65] 邱章红 . 形象与资本——好莱坞电影工业明星制剖析 [J]. 北京电影学院学报 ,2006(6).

[66] [德] 叔本华 . 叔本华美学随笔 [M]. 韦启昌，译 . 上海人民出版社，2014.

[67] 储思琮 . 李克强：今天开会就是请大家提意见和建议的 [EB/OL] . 新京报，2016-01-30 [2021-5-23] .https://www.bjnews.com.cn/detail/155150149214722.html.

[68] 李路曲 . 比较政治学研究：第 5 辑 [M]. 北京：中央编译出版社 ,2013.